실패를 딛고 일어서는
써먹는 실패학

ZUKAI TSUKAERU SHIPPAIGAKU
by Yotaro Hatamura
Copyright ⓒ 2014 Yotaro Hatamura
Korean translation copyright ⓒ 2016 by Books-Hill Publishers Co., Inc.
All rights reserved.
Original Japanese language edition published by KADOKAWA CORPORATION
Korean translation rights arranged with KADOKAWA CORPORATION
through EntersKorea Co., Ltd

이 책의 한국어판 저작권은 (주)엔터스코리아를 통해
저작권자와 독점 계약한 (주)도서출판 북스힐에 있습니다.
저작권법에 의하여 한국 내에서 보호를 받는 저작물이므로
무단전재와 무단복제를 금합니다.

실패를 딛고 일어서는

써먹는 실패학

하타무라 요타로 지음(도쿄대학 명예교수)
김동호 옮김(중앙일보 논설위원)

역자 머리말

인간은 실수투성이다. 하루에 한 번 이상 소소한 실수를 한다. 그건 문제가 아니다. 그러니까 인간이다. 중요한 것은 같은 실수를 반복하지 않고 피할 수 없는 실수는 피해를 최소화하는 일이다. 그런데 이게 쉽지 않다. 인간은 경험하지 않은 일에 대해서는 서투를 수밖에 없기 때문이다. 기계가 아닌 한, 늘 새로운 선택을 해야 하는 사람으로선 실수는 피할 수 없는 숙명이다.

인간의 한계와 가능성은 인공지능 알파고와 이세돌의 대결에서도 확인됐다. 새삼스러울 것도 없이 프로그램이 입력된 알파고는 이세돌을 압도적으로 제압했지만, 학습 효과가 발휘되면서 이세돌은 1승을 거두었다. 일본 실패학의 최고 전문가 하타무라 요타로의 신작《써먹는 실패학》은 이같이 실패가 오히려 성공의 디딤돌이 되는 원리와 과정을 보여주는 책이다.

이 책은 실수를 했을 때 임기응변으로 넘어가는 상투적 처세술을 얘기하지 않는다. 얕고 단편적인 지식은 많이 배워도 쓸모가 없다. 실전에서는 언제나 크고 작은 변수가 나타나고 장애물이 등장하기 때문이다. 결국 적절한 경험이 없거나 지식이 없으면 일을 그르치거나 목표 달성에 실패하고 만다.

국내에선 아직 실패학이 생소한 편이지만 선진국에선 첨단 기술과 과학의 최고 단계에서 다뤄지고 있다. 스마트폰의 무게를 줄이고, 자동차의 연료를 줄이거나, 고속열차의 속도를 높이는 기술을 개발할 수 있지만 마지막 한 단계의 난관을 돌파하지 못해 실패하는 경우가 많다. 실패학은 여기서 나왔다. 왜 목표에 도달하지 못했는지를 체계적으로 분석하는 과정이다.

한국적 상황에서는 실패학이 더욱 가치를 발휘한다. 백화점이 무너져 500명이 넘는 사망자가 발생하고, 고등학생을 태운 유람선이 침몰해 300명이 넘는 사망·실종자가 나와도 사고는 반복되고 있다. 이런 사고는 전형적인 인재라고 할 수 있다. 실패학은 사고 원인을 정밀 분석해 예방하는 방법도 다룬다.

조직을 효율적으로 관리하고 갈등을 관리하는 것도 실패학의 영역이다. 조직이 목표를 달성하려면 구성원이 효율적으로 소통하고 창의적인 아이디어를 발산해 함께 공유하는 문화가 필요하다. 현실에서는 어떤가. 수많은 일터에서 잘못된 의사소통과 업무 처리로 인력과 자원이 낭비되고 있다. 실패학은 이런 비효율이 나타나지 않도록 리더십을 발휘하는 방법도 다룬다.

한마디로 실패학은 직장에서, 개인 비즈니스를 하는 사업 현장에서, 실패를 줄이거나 예방해 가장 효율적으로 일하는 방법을 얘기한다. 일본에서는 경영학 석사(MBA)보다 100배 효용이 있다는 평가가 나오는 이유다. 그래서 실패학은 사실 성공학을 의미한다. 실패와 성공은 종이 한 장 차이라는 얘기다. 한걸음만 더 나가면 획기적인 성과를 얻고 아무도 가보지 못한 미지의 세계로 들어설 수 있지만, 그 앞에서 멈춰서는 경우가 많다.

노벨 물리학상을 수상한 나카무라 슈지의 청색 발광다이오드(LED) 발명 과정이 그런 경우다. 그는 회사에서 계륵 같은 존재였다. 연구직이었던 그는 아무런 성과도 없이 예산만 잡아먹으면서 오랫동안 청색 LED 개발에 매달렸지만, 포기하지 않았다. 그러면서 어디가 잘못됐는지 왜 안 되는지 끊임없이 실패 이유를 찾았다. 결국 그의 성공은 실패가 발판이 된 셈이다.

누구나 실패를 하지만 실수를 피해나갈 수 있는 길이 있다. 실수를 단순히 흘려보내지 말고 객관화하거나 실수에서 교훈을 얻으면 더 높은 수준의 판단과 의사결정이 가능해진다. 그림과 함께 해설이 곁들여진 이 책이 실패를 성공으로 바꿀 체계적인 방법과 노하우를 전할 것이다.

2016년
김동호

* 이해가 필요한 부분은 역자 주를 달아 본문 맨 뒤에 두었다.

들어가는 말

이 책은 실패학의 방대한 연구성과 가운데 처음으로 개인이 사용할 수 있는 것만 정리한 책이다.

실패학은 초기에 기계공학 연구에서 시작되었고, 이후 연구를 거듭한 끝에 실패에는 법칙이 있으며 모든 업계에서 비슷한 실패가 반복되고 있다는 것을 알게 되었다. 이는 내가 '도쿄전력 후쿠시마 원자력발전소에서 발생한 사고 조사·검증위원회 위원장'과 '소비자안전조사위원회 위원장' 등을 맡게 되면서 더욱 확신할 수 있었다. 인명에 관한 대형 사고 대부분은 실패학의 지식을 활용하면 완전히 예방할 수 있는 것들이었다.

실패에 법칙이 있다는 것은 업계나 회사 수준에서뿐만 아니라 개인의 일에서도 동일하게 적용된다. 비즈니스맨이라면 누구나 실패해보았을 것이다. 당연한 얘기 같지만 일을 하면서 실패하지 않는 사람은 없다.

그럼에도 불구하고 치열한 경쟁을 강요당하는 현대 사회에서는 큰 실패를 하면 출셋길이 막혀버릴 수 있다. 더 심하면 직장을 잃기도 한다.

성공한 사람들에게는 일정한 실패 대처법이 있고 또 거기에는 법칙성이 있었다. 즉, 그들 역시 실패를 겪었으되 큰 실패를 적확하게 막아내고 작은 실패를 활용해서 성공을 손에 쥐었다는 얘기다.

한편, 성공하지 못한 사람들은 성공한 사람들과는 전혀 다른 방향으로 행동하고 있었다.

그러면 성공한 사람들은 구체적으로 어떻게 사고하고 어떻게 행동했을까?

그 비결을 정리한 것이 바로 이 책이다.

이 책은 네 개의 장으로 구성되어 있다. 실패학의 기초 지식에서 한 장씩 나아가면서 한 계단씩 밟아 올라가도록 되어 있으며, 책을 모두 읽었을 때는 실패학에 대한 개념이 저절로 머릿속에 떠오르게 될 것이다.

부디 이 책을 통해, 이 치열한 현대 사회를 모두 함께 생존해나가기를 바란다.

2014년 7월
하타무라 요타로

차례

역자 머리말 ··· 4
들어가는 말 ··· 6

Step 1 [실패로부터 회복하기]
실패에 굴하지 않는 사람이 되라

실패 없이는 발전도 없다 ·· 14
실패에서 효과적으로 배우는 방법은? ·· 16
체감 학습과 가상 실패 체험으로 치명적인 실패를 예방한다 ·················· 18
실패 전, 가상 실패를 통해 '포지션 페이퍼'를 만들어놓자 ····················· 20
실패했을 때 가장 먼저 떠오르는 것은? ··· 22
우울한 상태에 이르는 세 가지 패턴 ·· 24
실패했다면, 인정은 하되 둔감해지자 ·· 26
실패했을 때야말로 '인간이 나약함'을 인정해야 할 때다 ······················· 28
실패 뒷수습은 '피해 최소의 원리'를 따르자 ······································· 30
실패했다면, 다른 사람의 힘을 빌려서 기력을 되찾자 ··························· 32
실패에 맞서 일어날 수 없을 때 해야 할 7계명 ···································· 34
주변에 실패한 사람이 있을 때 우선적으로 해야 할 일 ·························· 36
실패한 사람을 돕기 위한 은폐가 긍정적인 결과를 불러올 때도 있다 ······· 38
실패 평가에 대해서는 절대 기준을 정해놓자 ······································ 40
실패를 적확하게 평가하는 네 가지 '관점'과 '피드백 점검 기능' ············ 42
필요한 실패인데도 부당한 책임을 지는 경우가 있다 ···························· 44
징벌인사 뒤에는 반드시 후속 조치가 있어야 한다 ······························· 46
당사자 간 분쟁은 중재자를 내세워 수습하라 ······································ 48
대형 사고 뒤에는 반드시 유족의 바람을 승화시키는 노력을 해야 한다 ···· 50
칼럼 01 [실패학 실천록 ①]
도산했다가 보기 좋게 부활, 증시 상장까지 이루어낸 요시노야 ············· 52

8 써먹는 실패학

Step 2 [실패학의 기초]
실패를 분석할 수 있는 사람이 되라

실패 원인은 여러 계층으로 되어 있다	54
실패는 방치하면 더 커진다	56
하나의 큰 실패 앞에는 300개의 작은 실패가 예고되고 있다	58
실패의 인과관계는 역산으로 알 수 있다	60
실패의 원인을 분석하자 ①	62
실패의 원인을 분석하자 ②	64
회사에서 일어나기 쉬운 실패의 연쇄 ① 전달의 끊김	66
회사에서 일어나기 쉬운 실패의 연쇄 ② 보이지 않는 연결고리	68
회사에서 일어나기 쉬운 실패의 연쇄 ③ 중도 변경의 덫	70
실패 정보의 특성을 알자 ①	72
실패 정보의 특성을 알자 ②	74
객관적인 실패 정보는 도움이 안 된다	76
실패 정보 기술에 필요한 6가지 항목	78
실패 정보를 어떻게 전달할까	80
중대 사고에서 배운다 ① 미국 타코마 대교의 붕괴	82
중대 사고에서 배운다 ② 리버티선의 침몰	84
중대 사고에서 배운다 ③ 코멧 기체의 공중 폭발	86
실패학이 전하는 제안 ① '잠재적 실패'를 평가손실로 처리하자	88
실패학이 전하는 제안 ② 실패를 대하는 미국의 자세를 배우자	90
실패학이 전하는 제안 ③ 현장 상태 보존의 중요성	92
칼럼 02 [실패학 실천록 ②]	
사고 이후 존폐의 기로에서 기사회생한 마에다 건설	94

Step 3 [실패에서 창조로]
실패를 창조로 바꾸는 사람이 되라

'창조'를 낳는 사람의 사고와 논리적 사고는 다르다	96
사람이 창조할 때 머릿속에서는 어떤 일이 일어날까	98
아이디어 단서에 맥락을 붙여 가설을 입증한다	100
가상 연습으로 아이디어를 다듬자	102
완성도 높은 시나리오를 여러 개 갖고 있으면 실패를 예방할 수 있다	104
생각 노트를 기록하자 ① 첫 장과 두 번째 장	106
생각 노트를 기록하자 ② 세 번째 장과 네 번째 장	108
땜질 설계가 아니라 전체 설계를 하자	110
사고전개도 만드는 방법 ① 요구되는 기능을 어떻게 구체화해나갈까	112
사고전개도 만드는 방법 ② 사고전개도 작성할 때의 생각	114
사고전개도 활용법 ① 삼성이 약진한 이유를 탐구해본다	116
사고전개도 활용법 ② 고객이 원하는 부분을 찾아내라	118
사고전개도 활용법 ③ 완전히 다른 생각으로 돌파하라	120
실천: '프리우스'에서 무엇을 배울까	122
창조에 숨어 있는 두 개의 위험을 주의하라	124
실패를 막는 눈 갖기 ① 다각적인 관점에서 바라보라	126
실패를 막는 눈 갖기 ② 안쪽부터 먼저 살펴라	128
실패를 막는 눈 갖기 ③ 기획 입안에서 평가까지	130
전체를 보는 시점 ① 전체를 꿰는 사람이 반드시 있어야 한다	132
전체를 보는 시점 ② 전체를 꿰뚫는 시각으로 바라보라	134
전체를 보는 시점 ③ 밖으로 드러난 현상을 이해하자	136
실천: 아리타야키로부터 무엇을 배울까 ① 역사에서 먼저 배운다	138
실천: 아리타야키로부터 무엇을 배울까 ② 다양한 관점을 배운다	140
실천: 아리타야키로부터 무엇을 배울까 ③ 시대 변화에 어떻게 대응해왔나	142
칼럼 03 [실패학 실천록 ③]	
정확한 정보 공개로 손실을 최소화한 고시바 교수팀	144

Step 4 [실패학 응용 편]
실패를 살리는 리더가 되자

자신의 그림자에 놀라지 말고 계속 변신하라 … 146
성공 방정식을 알아두라 … 148
진짜 리더와 짝퉁 리더의 차이 … 150
물고기 없는 연못에서 물고기 있는 호수로 옮겨가겠다는 절실함 … 152
새로운 도전에 나설 때 기억해두어야 할 '천삼(千三)'의 법칙 … 154
탁월한 조직은 리더와 구성원의 역할과 책임이 다르다 … 156
난관에 봉착하면 챔피언 데이터가 한밤의 등대가 된다 … 158
신규 사업은 인접 분야에서만 성공할 수 있다 … 160
진짜 리더는 실패에서 얻은 교훈을 공식화한다 … 162
상위 개념을 통달하면 세부 분야를 보는 통찰력이 생긴다 … 164
학습능력이 퇴화하면 가상연습을 통해 능력을 보충하자 … 166
선견지명을 갖기 위해 필요한 것은? … 168
업무의 암묵지를 형식지로 바꿔가자 … 170
성숙된 기술과 조직에 숨어 있는 위험 ①
왜 치명적인 실패가 일어나기 쉬운가 … 172
성숙된 기술과 조직에 숨어 있는 위험 ②
커질수록 빈틈 있는 조직이 되기 쉽다 … 174
성숙된 기술과 조직에 숨어 있는 위험 ③ 국소 최적, 전체 최악 … 176
성숙된 기술과 조직에 숨어 있는 위험 ④ 실패 예측과 타 분야 지식 활용 … 178
성숙된 기술과 조직에 숨어 있는 위험 ⑤ 매뉴얼화에는 허점이 있다 … 180
실패에 대한 대책은 톱다운 방식으로 갈 수밖에 없다 … 182
실패 지도 없이 실패를 막을 순 없다 … 184
실패에 대한 대책은 첫 단추를 잘못 꿰면 돌이킬 수 없다 … 186
왜 리콜 은폐가 일어나는 걸까 … 188
기업 풍토를 개혁하기 위해서는 네 가지 문화가 필요하다 … 190

주요 참고문헌 … 192
역자 주 … 194

Step 1

[실패로부터 회복하기]
실패에 굴하지 않는 사람이 되라

01 실패로부터 회복하기

실패 없이는 발전도 없다

사람이 성장하려면 실패는 불가피하다. 실패는 인간이 어머니의 배 속에서 어류를 닮은 모습에서, 양서류, 포유류의 모습을 거쳐 어엿한 인간으로 태어나는 과정과 비슷하다.

피하면 좋겠지만, 실패는 한편으로 성공의 출발점이기도 하다. 사람이 무엇에 처음 도전하면 거의 대부분 실패한다. 그러나 그 실패에서 원인을 찾아서 실패의 법칙성을 공부하면, 치명적인 상태를 피해 성공의 단계에까지 도달할 수 있다. 즉 '도전→실패→발전'을 반복함으로써 한 단계 높은 수준으로 나아갈 수 있는 것이다(그림 1).

실패와 발전의 관계는 생물학의 개체 발생 및 계통 발생과 구조가 닮아 있다(그림 2). 인간은 어머니의 배 속에서 세포 분열을 거듭해, 어찌 보면 어류, 양서류, 포유류와 비슷한 모습을 거쳐 비로소 인간의 모습을 갖는다. 10억 년에 걸쳐 달성한 계통 발생의 프로세스가 불과 1년도 안 되는 개체 발생의 시간 안에서 완성되는 것이다. '어류, 양서류, 포유류'의 모습을 거치는 과정을 '실패에서 지식을 얻는 체험'으로 바꾸어서 생각해보면, 한 개체가 어엿한 인간으로 성장해나가기 위해서는 실패의 반복이 불가피하다는 것을 알 수 있다.

태어나면서부터 리더의 자질과 그릇을 갖추고 있을 순 없다. 신입사원에서 시작해, 주임, 과장, 부장, 사장으로서 직책을 수행할 능력을 몸에 익히기 위해서는 '어류, 양서류, 포유류'의 모습을 거쳐야 하는 '실패 체험'을 극복하는 과정을 거칠 수밖에 없다.

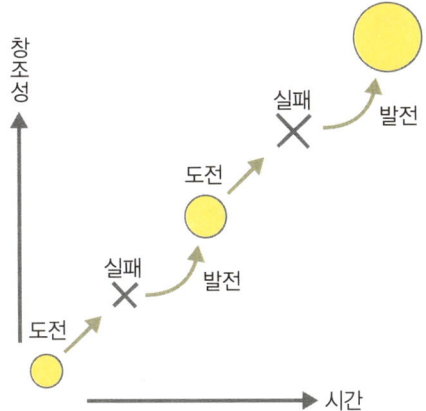

그림 1 실패 없이는 발전도 없다.

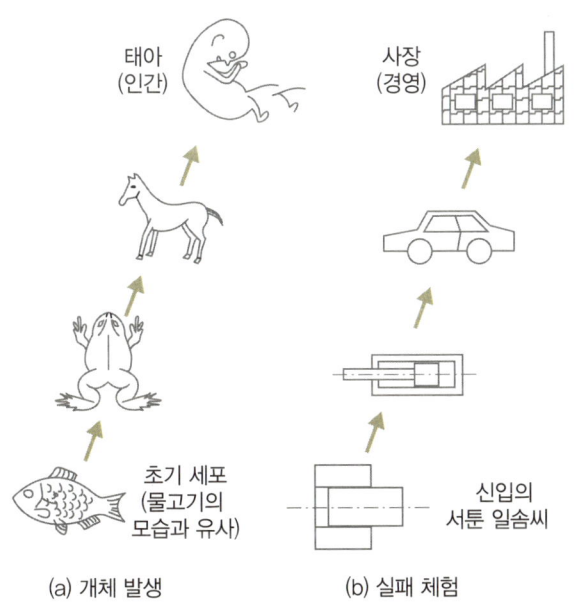

(a) 개체 발생 　　　　(b) 실패 체험

그림 2 개채 발생과 비슷한 실패 체험의 과정

02 실패로부터 회복하기

실패에서 효과적으로 배우는 방법은?

최소한의 실패를 경험하자. 다른 사람의 실패도 눈여겨보자. 이렇게 배우는 것이 실패에서 지식을 얻는 최고의 한 수다.

실패가 불가피하다 하더라도 치명적인 실패는 반드시 피해야 한다. 치명적인 실패를 겪게 되면 다음의 발전적인 단계로 넘어가기 어렵기 때문이다. 더구나 운명처럼 실패를 거듭하면, 평판이 나빠지고 효율도 떨어진다.

그래서 실패하지 않도록 교육을 하다 보니, 그림 3(a)처럼 '이렇게 하면 성공한다'는 일방통행식 교육이 나타나게 되고, 이런 교육 안에서 실제 상황에 맞닥뜨려 배운 대로 해보면 십중팔구 옆길로 새면서 실패해버리고 만다.

그렇다고 해서 그림 3(b)처럼 소심하게 작은 경험만 되풀이해서는 성공에 이르기 어렵다. 그림 3(c)처럼 지식만 추구해서도 목표에 도달할 수 없다.

이도저도 아니면 어떻게 하면 될까?

답은, 스스로 최소한의 실패를 경험하는 것에 더해, 타인의 실패를 타산지석으로 삼아 지식을 축적하는 것이다. 요컨대 실패 지식을 학습하는 것이 관건이다[그림 3(d)]. 이런 식으로 실패 지식을 학습한 사람은 설령 실패한다 해도, 그림 4처럼 곧바로 궤도를 수정해서 유연하게 대응한다. 이로써 큰 실패를 피하고 중간 크기의 실패, 작은 실패에 그침으로써 효과적으로 목표에 도달하게 된다. 이에 비해 실패 지식을 학습하지 않은 사람은 큰 실패를 몇 차례 거듭하다 크게 굴러떨어져 재기하지 못할 가능성이 커진다.

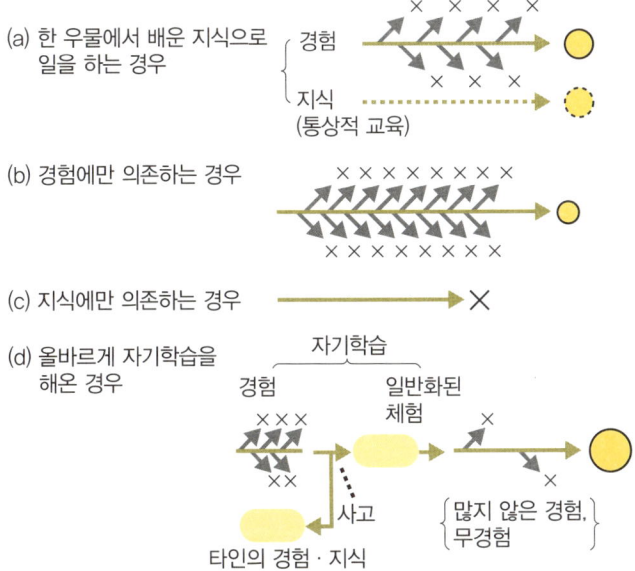

그림 3 한 개인의 실패 학습 방법과 그 효과

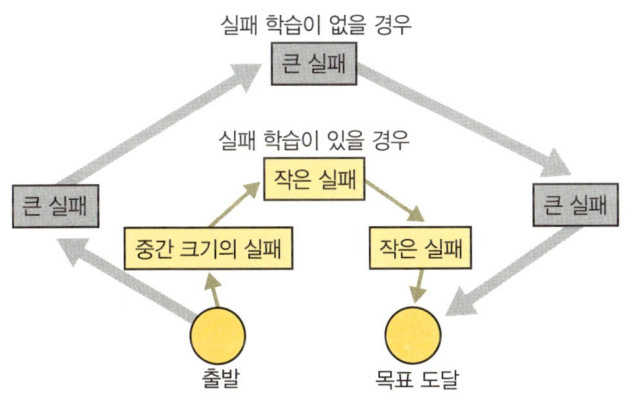

그림 4 실패 정보가 전달될 때의 효과

03 실패로부터 회복하기

체감 학습과 가상 실패 체험으로
치명적인 실패를 예방한다

자신이 직접 체험해서 확고하게 몸속에 뿌리내린 지식만이 새로운 지식을 받아들이는 바탕을 만들어낸다. 그래야 실패를 지렛대로 활용할 수 있는 확실한 힘을 키울 수 있다.

실패를 막으려면 지식이 중요하다는 것을 앞서 밝혔다. 여기서 지식이란 학교에서 배우는 암기 중심의 얕은 지식이 아니다. 여러 요소가 서로 복잡하게 얽혀 있는 현실 세계에서는 '이게 정답이다.'라고 할 수 있는 유일한 답을 적용할 수 있는 상황이 거의 없다. 실제로 적용할 수 있는 것은 자신의 체험을 통해서 확실하게 몸속에 뿌리내린 지식밖에 없다. 따라서 그런 지식을 터득하려면 실제로 몸으로 느끼는 '체감 학습'이 필요하다.

예컨대 신경 써서 기획한 이벤트에 고객이 모여들지 않았다거나 자신 있게 내놓은 신제품이 생각대로 팔려나가지 않으면 어떨까? 마음이 아프거나 괴롭거나 분한 기분이 들 수밖에 없다. 하지만 그런 순간이야말로 실패 체험이 우리 몸속 깊이 뿌리내리면서 새로운 지식을 받아들일 바탕을 만드는 계기가 된다. 그런 바탕이 있느냐 없느냐가 실패를 딛고 일어설 수 있느냐 없느냐의 차이를 만든다.

그러나 아무리 많은 실패를 한다 해도 모든 것을 직접 체험할 수는 없다. 그래서 필요한 것이 다른 사람의 실패로부터 지식을 얻어 활용하는 능력이다. 이미 자신이 습득한 지식을 사용해서 다른 사람의 실패를 시뮬레이션해보라는 얘기다. 이것을 '가상 실패 체험'이라고 부르는데, 이때는 자신의 체험으로 강하게 시뮬레이션하여 자신의 것으로 체득하겠다는 자세를 갖는 것이 중요하다.

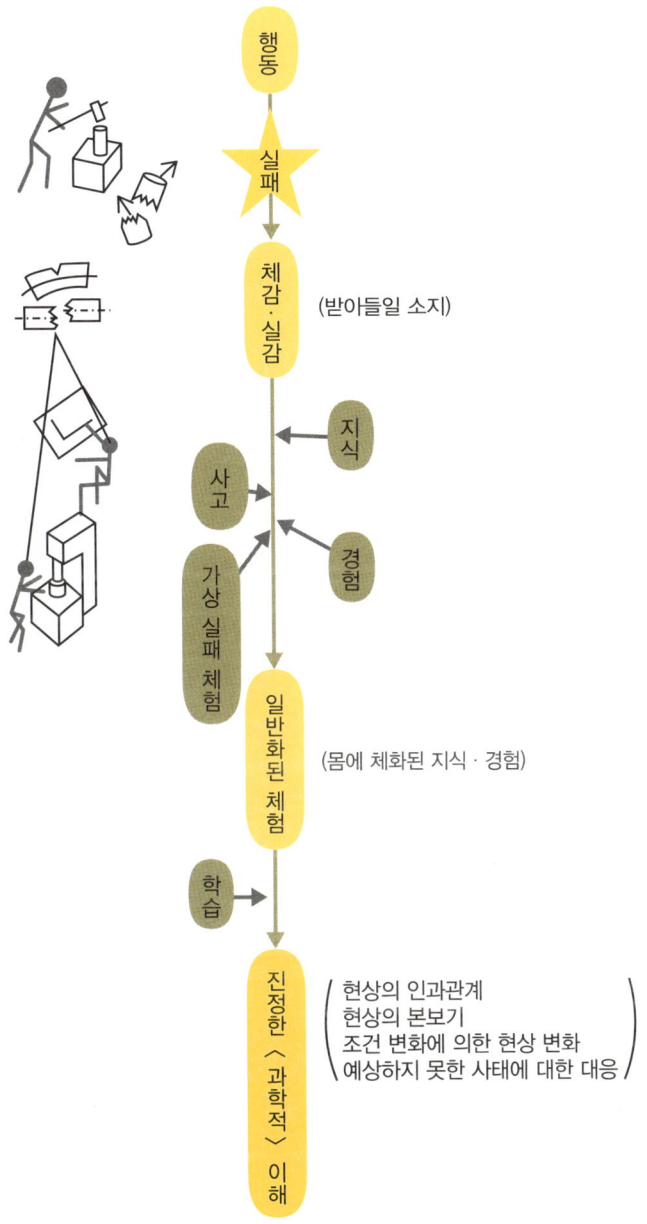

그림 5 실패 체험이 진정한 이해를 낳는다.

04 실패로부터 회복하기

실패 전, 가상 실패를 통해 '포지션 페이퍼'를 만들어놓자

냉철한 판단을 흐리게 할 수 있는 사태를 사전에 가상 경험함으로써 올바른 대처 방법을 준비해놓는 것이 중요하다.

사람은 실패에 직면했을 때 그것을 감추려고 하거나, 자책감에 휘말려 필요 이상으로 자신을 책망한다. 아니면 패닉에 빠져서 판단 능력 자체가 완전히 마비되어 실패의 도미노에 빠지는 경우도 적지 않다. 그런 사태를 막기 위해 필요한 것이 실감과 체감을 동반한 '가상 실패'다. 소방 훈련, 지진·쓰나미 대피 훈련이 이런 경우에 해당하는데, 판단 능력을 손상시키는 사태를 사전에 경험함으로써 올바른 대처 능력을 키워두는 것이다.

　최근 일본에서는 비상사태가 발생한 기업이 피해를 최소화하기 위해 실시하는 홍보 활동인 '위기 커뮤니케이션'이 큰 관심을 받으면서 그 중요성이 부각되고 있다. 일반적으로 기업은 문제의 원인이 확실해지지 않았는데도 될 수 있으면 문제를 덮기 위해 사실을 숨기려고 하지만, 있는 그대로 밝힐 것은 밝히고 모르는 것은 모른다고 확실하게 정보를 공개하는 편이 낫다.

　이런 비상사태에서 힘을 발휘할 수 있는 도구가 '포지션 페이퍼'[1]다. 이는 '상대방이 알고 싶어하는 것', '내가 전달하고 싶은 것'을 알기 쉽게 전달해주는 역할을 한다. 사태가 발생하면 재빠르게 포지션 페이퍼를 작성하는 것이 중요하다. 그 내용에 따라 여론의 반응이 크게 달라질 수 있기 때문이다. 물론 효과적인 포지션 페이퍼를 만드는 것이 쉬운 일은 아니다. 개인이든 조직이든 평소 위기관리에 철저히 대비해 위기관리 능력을 체화시켜두는 것이 중요하다.

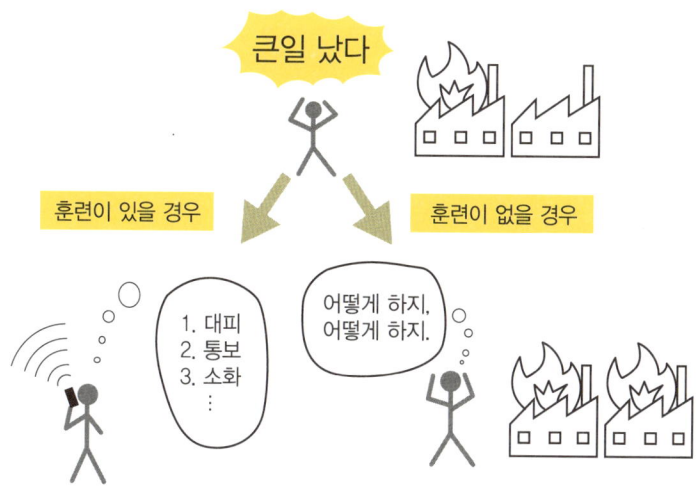

그림 6 생각을 멈추면 실패가 도미노처럼 일어난다.

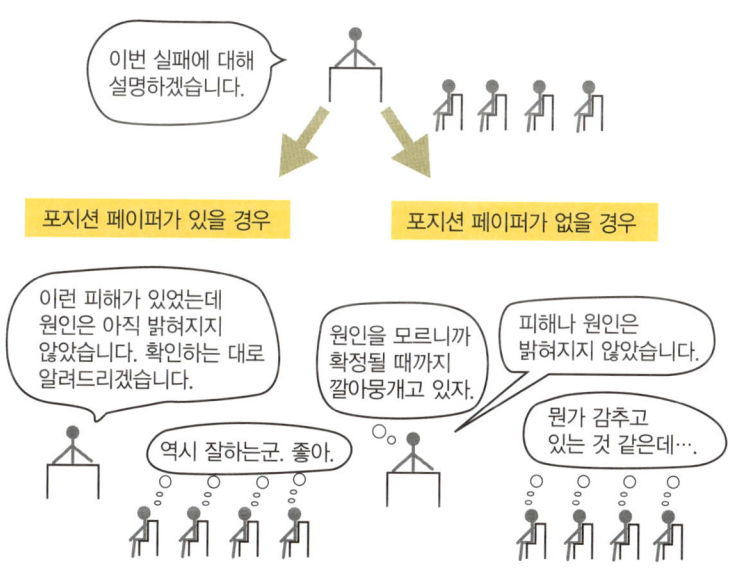

그림 7 포지션 페이퍼는 왜 중요한가?

05 실패로부터 회복하기

실패했을 때 가장 먼저 떠오르는 것은?

실패했을 때 '감추자', '잊어버리자'와 같은 생각을 하기 쉽지만, 동시에 실패 정보 전달의 중요성도 생각해봐야 한다.

누구나 실패했을 때는 그곳에서 달아나고 싶은 마음뿐이다. 하지만 한편으로 머릿속에는 여러 가지 생각이 차례로 떠오른다.

우선 실패에 이른 과정을 되짚어보고 원인을 곰곰이 추정해본다. 그런 뒤에 응급처치, 사후처리, 재발방지 대책까지 앞으로 해야 할 일들을 단계별로 줄이어 생각하게 된다. 또는 실패를 어떻게 공표하면 주변에서 쏟아져 나올 비난이나 공격에 효과적으로 대응할 수 있을지에 대해서도 생각하게 된다.

또 책임을 인정할까 부정할까, 아니면 다른 사람에게 전가시킬까 말까를 갈등하게 된다. 그 결과에 따라 질책, 징계, 해고 등 자신의 신상에 어떤 영향이 미칠지를 생각하면서 주변 사람과 조직에 끼치는 민폐를 어떻게 처리해야 할지도 생각하게 된다.

게다가 시간이 지남에 따라 반성, 후회, 변명, 자기정당화, 자학 같은 감정이 끓어오르고 그것을 자신의 내부에서 어떻게 흡수해서 대응할지를 생각하게 된다. '감추자!', '못 본 척하고 넘어가자!', '잊어버리자!'와 같이 자신에게 편한 대로 생각하고 싶어지지만, 동시에 실패 정보 전달의 중요성을 생각해보게도 된다. 그러면서 실패를 흡수하고 배우고 지식화하는 것의 중요성을 깨닫게 된다. 또 실패(로부터 얻은 경험)를 교육하거나 전달하거나 기록하는 것의 중요성에 대해서도 알게 된다. 그래서 사람은 실패해도 마음을 굳건히 다잡아서 확실히 대책을 세우고 책임지는 길을 선택할 줄 알아야 한다.

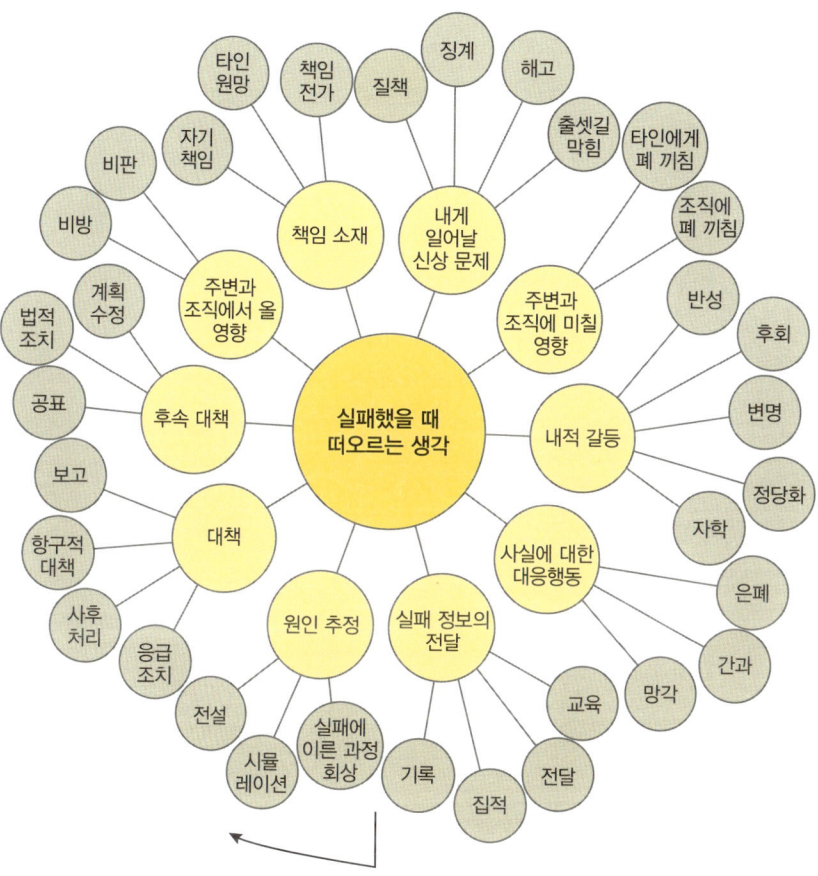

그림 8 실패했을 때 머릿속에 떠오르는 것들

| 06 | 실패로부터 회복하기 |

우울한 상태에 이르는 세 가지 패턴

'목표 상실', '넘을 수 없는 높은 벽', '한 치 앞도 안 보이는 미래'를 극복하느냐 마느냐는, 얼마나 회복력을 발휘해서 새로운 목표를 발견하느냐에 달려 있다.

사람이 우울한 상태에 빠져버리는 일은 대표적으로 ① '목표 상실', ② '넘을 수 없는 높은 벽', ③ '한 치 앞도 안 보이는 미래'를 마주할 때 일어난다.

①은 큰 목표를 달성한 직후에 일어나는 경우가 많다. 예컨대 목표로 세운 대학에 입학했지만 다음 목표를 찾지 못하면 의욕을 잃게 된다. ②는 졸업논문을 쓸 때에도 나타나는 문제인데, 눈앞에 높은 벽이 있어서 생각만큼 진전되지 않아 조바심만 내는 바람에 무기력해지는 상태를 말한다. ③은 취직 활동을 하는데도 전혀 오라는 곳이 없어서 의기소침해지거나 정년퇴직이 임박한 사람이 우울해지는 경우라고 할 수 있다. 이렇게 되면 미래의 불안을 강하게 느끼고 어찌할 바를 몰라서 우울한 기분에만 휩싸이게 된다.

사실 나도 ①과 ③의 상태를 경험한 적이 있다. 이럴 때는 주변 사람에게 상담을 구하는 것이 좋다. 위로가 되면서, 새로운 의욕이 조금씩 솟구치면서 상태가 회복된다. 그러는 동안 현재 놓여 있는 상황에 적응하려는 의지가 발동한다. 결국 새로운 목표를 발견하고 우울한 상태에서 벗어나는 데 성공하게 되는 것이다.

실패가 원인이 되어 우울한 상태에 빠지는 사람은 결코 적지 않다. 특히 책임이 있는 위치에 있을수록 심적 압박은 클 수밖에 없다. 그런 압박을 받고서도 평정심을 유지할 수 있느냐가 여하히 스스로 회복력을 발휘해서 새로운 목표를 찾아내는 관건이다.

① 목표 상실

② 넘을 수 없는 높은 벽

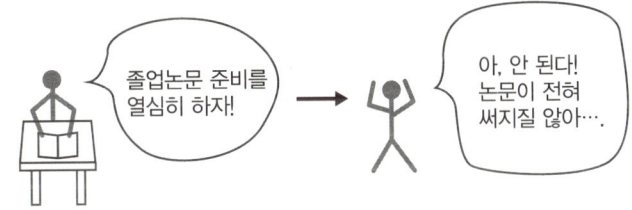

③ 앞이 보이지 않는다.

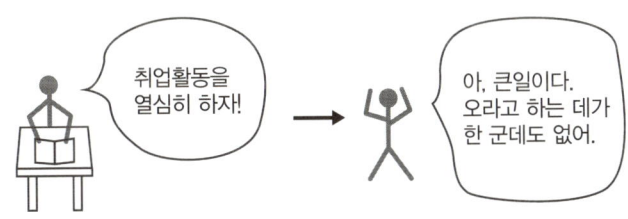

그림 9 사람은 왜 우울 상태에 이르는가?

07 실패로부터 회복하기

실패했다면, 인정은 하되 둔감해지자

둔감한 사람은 실패를 하더라도 필요 이상으로 자책하지 않는다. 실패를 해도 정신적인 회복이 빠르고 사후처리에도 매끄럽게 대처한다.

실패를 했을 때 사람마다 반응이 조금씩 다르다. 작은 실패에도 민감하게 반응하는 섬세한 사람이 있는가 하면, 큰 실수에도 크게 흔들리지 않는 둔감한 사람이 있다. 그렇다면 실패에 대한 태도로는 어느 쪽이 더 적절할까? …… 정답은 둔감한 사람이다.

보통 어떤 일이 실패하면 십중팔구 입바른 소리를 하면서 실패한 사람을 질책하고 나서는 사람이 있다. 그런 입바른 소리는 단지 명분론이나 궤변에 지나지 않는다. 만약 그 사람이 말하는 대로 했더라도 역시 실패를 완전히 피하지는 못했을 것이다. 오히려 사태가 더 나쁘게 진전될 수도 있다. 민감한 사람은 주변의 질책이나 쑥덕공론을 너무 신경 쓰는 바람에 아주 작은 실패에도 완전히 무너져 내리고 만다. 그런 다음에는 돌연 자포자기하면서 모든 것을 내던져버리거나 정신적으로 파탄 상태에 이르게 된다.

이에 비해 둔감한 사람은 실패한 자신을 필요 이상으로 몰아세우지 않는다. 설령 실패했어도 정신적인 회복이 빠르고 실패한 뒤 사후처리에도 매끄럽게 대처해나가는 경우가 많다.

물론 치명적인 대형 실패로 이어지는 원인을 놓치지 않으려면, 촉이 좋아야 하고 미세한 문제를 포착해낼 줄 아는 안목이 있어야 한다. 그러나 그런 것은 어디까지나 실패의 원인을 찾고 실패를 일으키지 않도록 할 때의 이야기다. 이미 발생한 실패에 대해서는 '둔감'해져서 눈앞의 일을 담담하게 처리해나가는 심적 평상심이 중요하다.

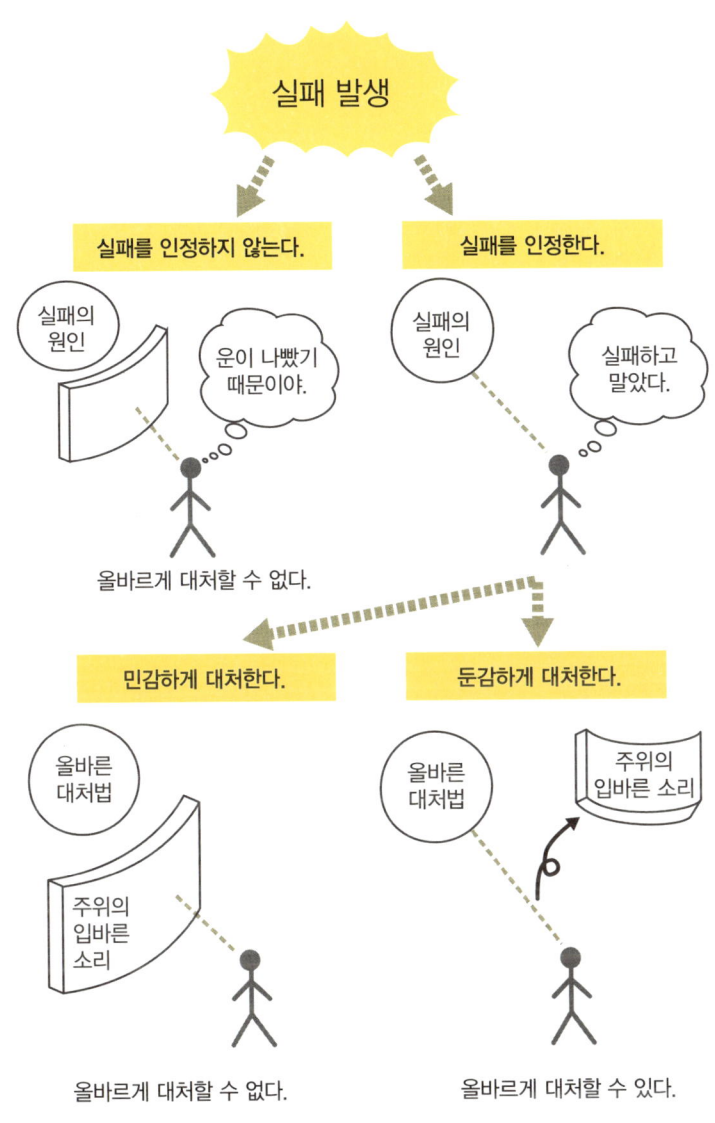

그림 10 　실패를 인정하고 둔감해지는 것이 중요하다.

08 실패로부터 회복하기

실패했을 때야말로 '인간이 나약함'을 인정해야 할 때다

중요한 것은 '사람(나 자신)이 나약하다'는 것을 잊지 않는 것. 그것을 깨끗하게 받아들여서 에너지가 자연스럽게 회복될 때까지 기다리는 능력이 필요하다.

사람은 실패를 겪고 충격과 손상을 받으면, 구멍이 뚫린 것 같은 상태가 되면서 몸에서 에너지가 빠져나가버린다. 그렇게 되면 많은 사람들은 바르게 판단하거나 행동하는 것이 어려워지는 악순환에 빠져 자포자기에 이르는 패턴에 빠져들어간다. 그런 사람에게서 공통적으로 발견되는 것이 '사람은 나약하다'는 인식이 없다는 점이다.

사람은 나약함을 갖고 있는 존재다. 그런 나약함이야말로, 옆에서 객관적으로 바라보면 명백하게 실패했는데도 스스로 실패를 인정하지 못하게 만드는 원인이 된다. 실패하면 정도의 차이는 있지만 누구나 상처를 입고 몸과 마음에서 기(氣)가 빠져나가 의욕을 잃게 된다. 그런 상태에서는 실패에 맞서서 정공법으로 대응하려고 해도 좋은 결과를 얻을 수 없다.

그래서 중요한 것이 '사람은, 나 자신은, 나약하다.'라는 점을 인정하는 일이다. 자신이 바로 실패에 맞서고 일어설 수 없는 상태에 있다는 점을 깨끗하게 인정하고, 에너지가 다시 채워질 때까지 기다려야 한다는 얘기다.

다행히 인간에게는 '회복력'이라는 것이 내재하고 있다. 실패의 종류나 크기, 사람의 성격마다 다르겠지만, 어느 정도 시간이 지나면 에너지를 되찾고 자발적으로 행동하고 싶어진다. 너무 멀리 돌아오는 것 같지만 그렇게 자연스럽게 복원될 때까지 일단 기다리는 것이 최선의 실패 회복책이 되는 경우가 많다.

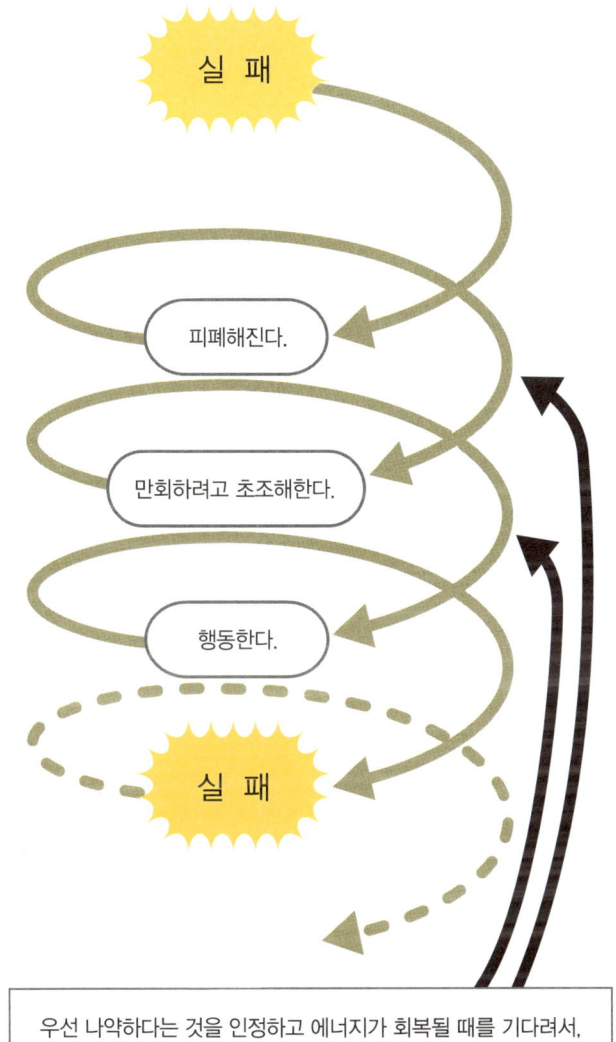

그림 11　나약함을 인정하는 것이 중요하다.

09 실패로부터 회복하기

실패 뒷수습은 '피해 최소의 원리'를 따르자

입바른 소리가 언제나 타당할 수는 없다. 일을 수습할 때는 피해를 최소화하는 방법을 선택한 다음, 나중에 개인적인 손실을 회복하는 기회를 남겨두는 것이 도움이 될 수 있다.

현실 세계에서는 모든 것이 나의 책임이 아닌데도 나의 정당성을 주장하기 어려울 때가 많다. 예컨대 회사에서 입바른 소리를 한 것이 '변명에 불과하다'고 평가되면서 오히려 사태가 더 악화되는 경우도 있다. 그렇다면 어떻게 하면 좋을까? 나는 '피해 최소의 원리'로 대처할 것을 권하고 싶다.

물리학 법칙에 '에너지 최소의 원리'라는 것이 있다(그림 12 참조). '피해 최소의 원리'란 그 개념에서 내가 만들어낸 용어인데, 사람은 실패에 대처할 때 손해와 이익을 따져서 가장 에너지를 적게 사용하여 사태를 끝내는 방법을 선택하는 경우가 많다.

듣기 싫은 말을 듣게 되면 자신의 정당성을 주장하고 싶어지게 마련이지만, 애써 정당성을 납득시키려고 해도 이해해주기는커녕 기묘한 조직 논리에 휘말려 역풍에 직면할 가능성만 커진다.

그래서 사전에 어디까지 정당성을 주장할지를 생각해서 타협점을 모색해놓는 것이 좋다. 요컨대 실패가 발생하면 일단 그 자리에서는 피해를 최소화할 수 있는 방법을 선택하고 나중에 개인적인 손실을 회복할 수 있는 기회를 남겨두는 것이 좋다는 얘기다.

세상에는 나 혼자서는 바꿀 수 없는 것이 많다. 그런데도 애써서 대응하면 나만 무너질 수밖에 없다. 때로는 피해를 가장 줄이는 방법을 선택하는 것도 한 방법이라는 것을 기억해둘 필요가 있다.

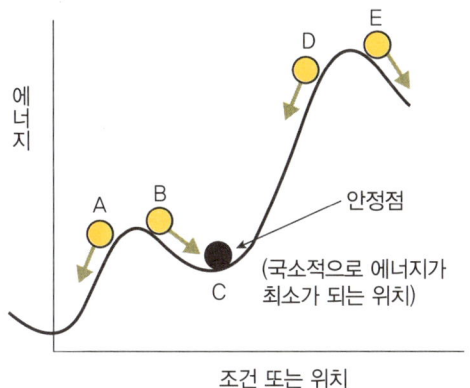

그림 12 에너지 최소의 원리

그래프의 산에서 A, B, C, D, E 지점에 공을 놓고 손을 떼면 제각각 이동해서 움직이지 않는 곳, 즉 에너지가 최소가 되는 곳(안정점)을 향해 안정되어간다. 다시 말해 어떤 물체에 자유롭게 움직이는 곳이 제공될 때 그 물체는 에너지가 최소가 되는 지점에서 운동을 멈추게 되는데 이것을 '에너지 최소의 원리'라고 한다. 이 원리 때문에 A, B, D, E는 화살표 방향으로 움직이지만 C는 처음부터 안정점에 있기 때문에 움직이지 않는다.

실패했다면, 다른 사람의 힘을 빌려서 기력을 되찾자

혼자서 해결하려면 잘 되지 않는다. 주변 사람들에게 도움을 청해서 기력을 되찾아야 한다.

실패했을 때 성실하고 책임감이 강한 사람일수록 혼자서 해결해보려고 하는 경우가 많다.

그런 사람은 "너무 신경 쓰지 마라."라든가 "사람은 나약한 존재라는 걸 받아들여라." 같은 조언을 들어도 좀처럼 받아들이지 않기 때문에, 더욱 힘난한 상황에 빠져들게 된다.

그런 사람은 우선 '나 혼자서 뭔가 해보자.'라는 생각부터 버려야 한다. 다시 말해 "혼자서는 도무지 해결할 수 없다. 그러니 주변 사람의 힘을 빌려서 기력부터 차려야 한다."라는 권유를 받아들여야 한다는 얘기다.

그러기 위해서는 평소 속내를 털어놓고 이야기할 수 있는 친구를 사귀어 두고 그들을 적극적으로 돕는 노력이 있어야 한다.

단, '하나를 줬으니 하나를 받겠다'는 생각으로는 비상 상황에서 기대했던 것을 얻지 못할 수 있다. 하나를 주면 상대방이 거기에 맞춰 똑같이 하나를 주리라고 믿는 것은 참으로 순진한 생각이다.

주고받는 것은 최소한 3 대 1의 법칙을 따른다. 하나를 받으려면 적어도 세 개를 주어야 한다는 것이다. 예컨대 한 명에게 세 개를 주거나, 세 사람에게 한 개씩을 주어야 한다. 이렇게 해놓아야 곤란한 처지에 빠졌을 때 셋 중 하나가 나에게 돌아온다.

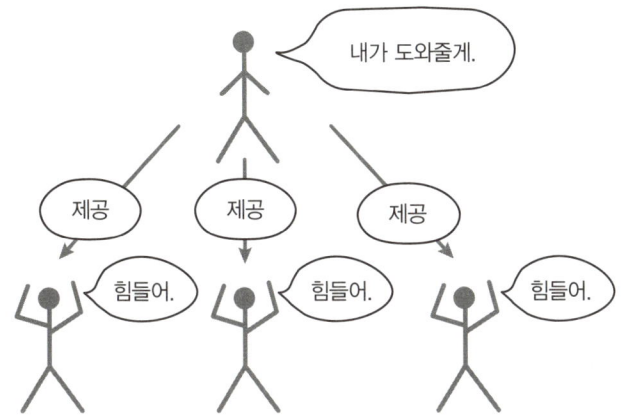

그림 13 평소 세 개를 줘야 하나를 받을 수 있다.

11 실패로부터 회복하기

실패에 맞서 일어날 수 없을 때 해야 할 7계명

현장에서 잠깐 벗어나라, 남 탓으로 돌려라, 맛있는 것을 먹어라, 술을 마셔라, 푹 자라, 기분 전환을 해라, 푸념해라……, 이것이 회복의 지름길이다.

실패로부터 최대한 빠르게 회복하려면 상실한 에너지를 최대한 원활하고 빠르게 충전시키는 것이 중요하다. 이를 촉진시키는 7가지 방법을 보자.

① **벗어나라** 좋은 대처법이 떠오르지 않을 때 현장에 계속 있는 것은 무의미하다. 부정적인 사고에 빠져 자멸하기 전에 잠깐 현장에서 벗어나라.

② **남 탓으로 돌려라** 의식적으로 '실패는 내 탓이 아니다. 다른 사람 탓이다.'라고 생각하자. 생각이 부정적으로 흐르는 것을 막아줄 것이다. 그렇게 생각한다고 해서 나쁜 것이 아니다.

③ **맛있는 것을 먹어라** 배가 고프면 전쟁을 치를 수 없다. 심신에 활기를 불어넣기 위해 식사는 꼭 해야 한다.

④ **술도 도움이 된다** 술도 잘 활용하면 마음을 위로하는 최고의 약이 될 수 있다. 그렇다고 현실 도피를 위해 인사불성이 될 정도로 마시라는 얘기는 아니다.

⑤ **푹 자라** 숙면을 취하면 리프레시가 되면서 생각이 유연해질 수 있다. 잠자기가 힘들다면 일시적으로 수면제의 힘을 빌리는 것도 나쁘지 않다.

⑥ **기분 전환을 해라** 괴로운 일에만 갇혀 있지 마라. 뭐든 운동을 하고 쇼핑을 해서 기분 전환을 시도해봐라.

⑦ **푸념을 해라** 남에게 불평이나 푸념을 하면 울분이 몸 밖으로 빠져나가면서 신기하게도 냉정과 평온을 되찾는다. 힘들 때는 "남 탓으로 하자."를 입 밖으로 외쳐보자.

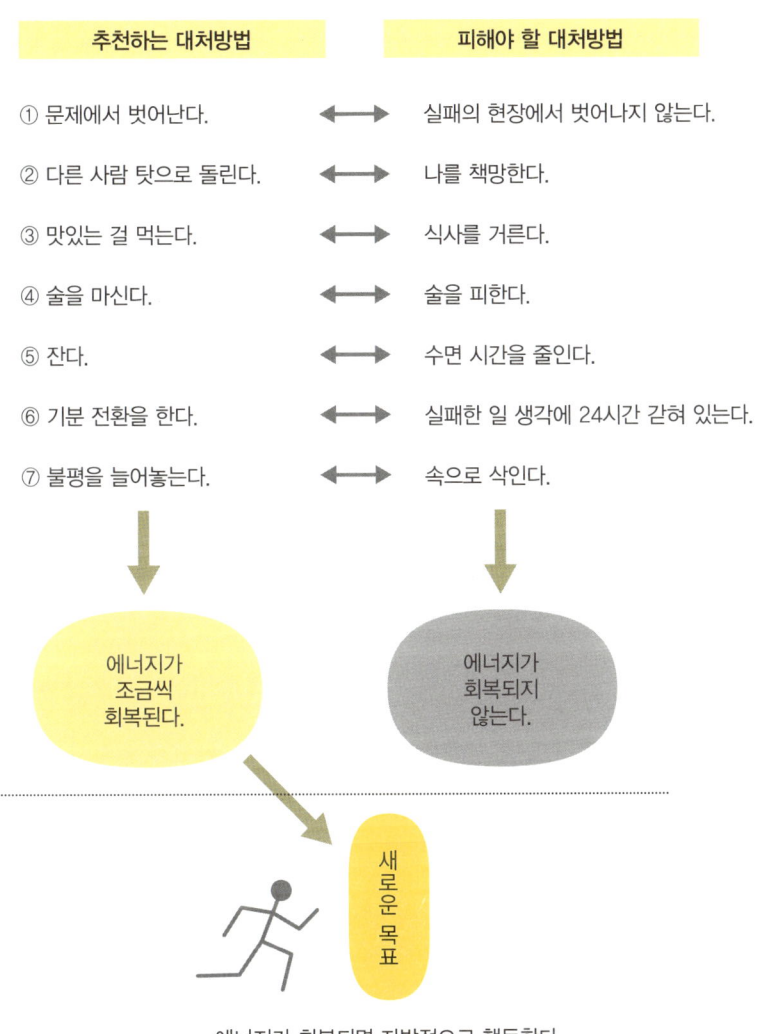

그림 14 일곱 가지 대처법

12 실패로부터 회복하기

주변에 실패한 사람이 있을 때
우선적으로 해야 할 일

무엇보다 중요한 것은, 실패로 괴로워한 나머지 사람이 목숨을 끊는 일만큼은 절대로 막아야 한다는 것이다.

실패한 사람의 뒤를 봐주는 것은 결코 쉬운 일이 아니다. 또 실패한 사람과의 관계에 따라서 챙겨주는 방법도 달라진다.

  그러나 무엇보다 중요한 것은 실패로 인해 사람이 목숨을 끊는 일만큼은 반드시 막아야 한다는 것이다.

  친구나 동료라면 실패한 사람을 세심하게 배려하고, 그 실패로부터 자신도 배우겠다는 진지한 자세로 도와야 한다. 선배의 입장이라면, 자신의 실패 경험을 가지고 어중간한 설교를 해서는 안 된다. 일단 조용히 뒷일을 수습할 수 있도록 도와야 한다. 직장 상사라면, 부하가 앞으로 성장할 것을 생각하여 더 큰 사고에는 이르지 않도록 지도해야 할 것이다. 그러나 교육자라면, 치명적인 실패는 피해야 하지만 살면서 누구나 겪는 실패라면 차라리 내버려둬서, 더 큰 사고나 실패를 막기 위한 지식을 바르게 흡수시켜서 성장을 촉진시키는 것이 낫다.

  경영자는 누가 뭐라 해도 치명적인 실패를 반드시 피해야 하는 입장에 있다. 하나의 조직이 실패를 반복하느냐 하지 않느냐는 경영자의 자세와 직결되어 있다. 또 노동 재해의 발생률 역시, 같은 조직에서 같은 사람이 활동하고 있다고 해도, 경영자에 의해 두 배에서 다섯 배가량 차이가 난다. 경영자는 그만큼 무거운 책임을 지고 있다.

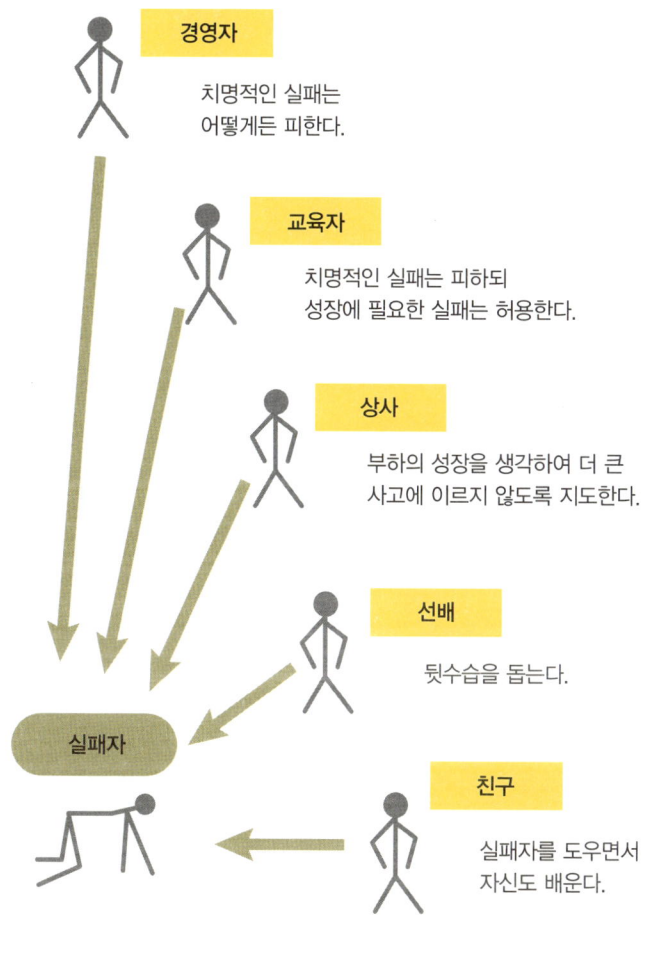

그림 15 실패자 주변 사람이 해야 할 일

13 실패로부터 회복하기

실패한 사람을 돕기 위한 은폐가
긍정적인 결과를 불러올 때도 있다

실패를 감출지 공개할지는 실패가 드러났을 때 사회와 주변에 미치는 영향을 고려해서 손익을 따져보고 결정해야 한다.

어느 공장에서 한 종업원의 단순 실수로 자동차 샤프트 100개가 불량품으로 나왔다. 그것을 본사에 그대로 보고하면 그 종업원과 상사는 그에 대한 책임을 질 수밖에 없었다. 그러나 그때 현장의 한 동료가 "본사에는 말하지 말고, 앞으로 2년 동안 매주 한 개꼴로 불량품이 나온 것으로 하자."는 의견을 내어 팀원들이 모두 동의했다. 이런 식으로 2년에 걸쳐 불량품 문제를 해결하면서 이 공장 사람들은 실수를 덮을 수 있었다고 한다.

물론 사고를 본사에 감춘 것을 결코 잘했다고 할 수는 없다. 더구나 다른 동료들에게는 2년 동안 한 치의 실수도 허용되지 않는 과도한 긴장감이 강요되었다. 그럼에도 그 사이 작업팀의 단결력이 강화되고 팀원 모두 더 적극적으로 일할 수 있었다고 한다.

이 얘기를 들었을 때 나는 '좋은 거짓말'이라는 생각이 들었다. 모든 것을 있는 그대로 우직하게 보고하는 것이 능사가 아니라는 얘기다. 실패를 감출지 말지를 판단할 때는 실패가 노출되었을 때 사회와 주변에 미치는 영향의 크기 역시 하나의 기준점이 되어야 한다. 손실을 따져보라는 것이다. 만약 본사에 보고했다면 실수를 저지른 사원이 궁지에 몰려 극단적인 선택[2]을 할 수도 있다. 앞서 말했듯이 사람의 목숨이 걸린 일은 무슨 일이 있어도 반드시 막아야 한다는 것이 나의 지론이다. 그런 의미에서 이같이 좋은 의미의 거짓말은 조직 운영에도 오히려 긍정적인 결과를 가져올 것이다.

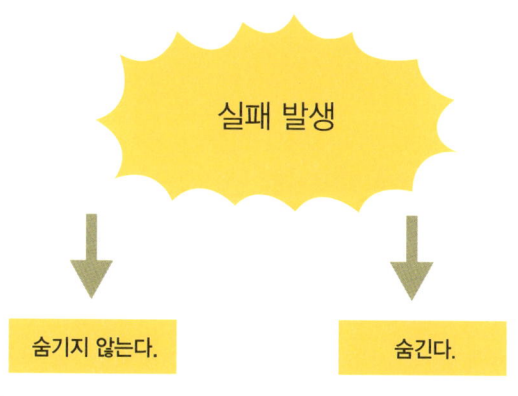

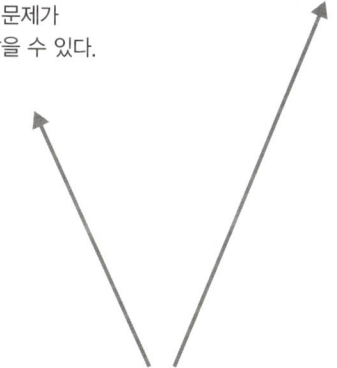

숨기느냐 숨기지 않느냐에서 이해득실을 따져보아야 할 일

> 무엇보다 중요한 것은 '실패 따위로 사람이 목숨을 끊는' 일은 반드시 막아야 한다는 것이다.

그림 16 실패를 감추느냐, 감추지 않느냐의 기준

실패 평가에 대해서는 절대 기준을 정해놓자

하늘을 우러러 당당하게 이야기할 수 있느냐 없느냐가 실패의 평가 기준으로 가장 적절하다.

실패에 대한 평가는 크게 나누면 '자신의 가치관에 근거한 자체 평가', '다른 사람과의 관계 속에서 이루어진 사회적 규범에 근거한 타인의 평가'가 있다. 그러나 그 어느 것도 바른 평가라고 말하기 어렵다. 일반적으로 자신의 자체 평가는 실패를 실제보다 작은 문제로 생각하는 '과소평가'에 빠지기 쉽다. 이에 비해 다른 사람의 객관적인 평가는 실패를 실제보다 크게 만드는 '과대평가'로 흐르기 쉬워서 실패한 사람을 너무 다그쳐 세우는 결과를 초래하기도 한다.

그런 폐해를 없애기 위해, 참고가 될 만한 다른 실패 케이스와 비교하면서 실패의 정도를 따지는 것이 '상대평가'다. 이 경우에도 그때그때 상황에 따라 달라지기 때문에 나중에 "그때 판단이 이상했다."라는 말이 나오곤 한다.

그렇다면 실패를 있는 그대로 평가하기 위한 '절대 기준'이란 있는 것일까? 나는 다소 진부한 표현이지만 '하늘을 우러러 당당하게 말할 수 있느냐 없느냐'야말로 실패의 평가 준거점으로 가장 적절한 기준이 된다고 생각한다. 하늘을 우러러 자신이 했던 것을 모두 정직하게 말했을 때 한 점 부끄럼이 없다면 어처구니없는 실패라고 할 수 없다. 그런 평가기준을 세워놓는다면 실패를 두려워하지 않고 당당하게 도전해나갈 수 있을 것이다.

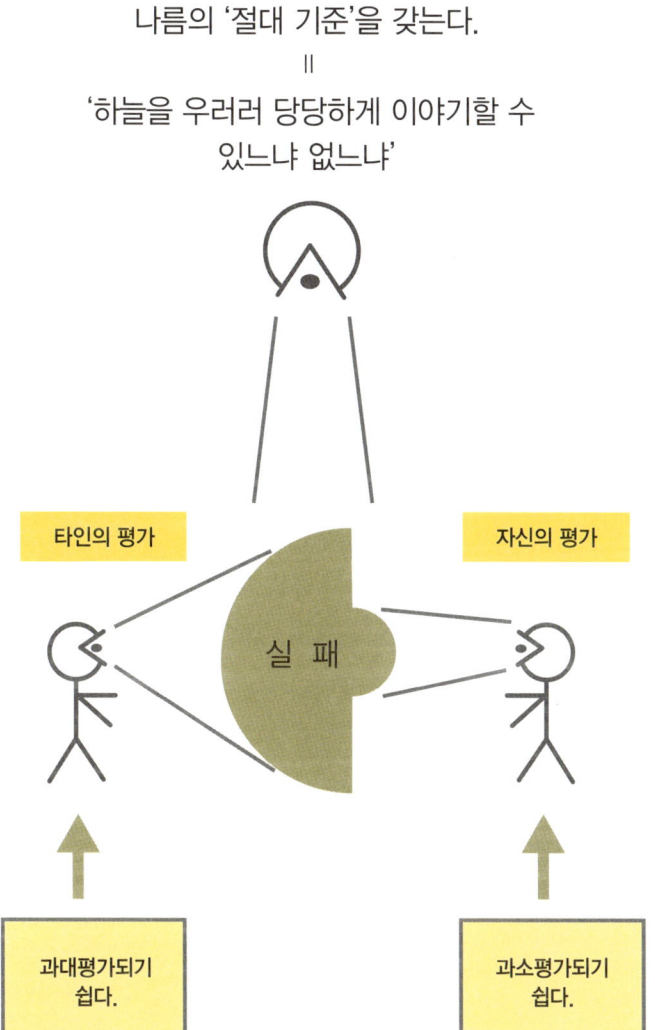

그림 17 실패를 평가하는 '절대 기준'이란 무엇인가?

| 15 | 실패로부터 회복하기 |

실패를 적확하게 평가하는 네 가지 '관점'과 '피드백 점검 기능'

물리적 · 경제적 · 사회적 · 윤리적 관점을 갖고 조직의 피드백 점검 기능을 강화하는 노력이 필요하다.

실패를 바르게 평가하기 위해서는 제대로 된 네 가지 관점이 필요하다.

① **물리적 관점** 실패를 물리현상으로서 받아들이는 관점. 실패한 당사자의 입장이나 실수에 이른 주변 환경 같은 주관적 요소를 배제하고 실패를 사실 그대로만 바라봄으로써 사태를 정확하게 이해하자는 것이다.

② **경제적 관점** 손익을 따져서 실패를 바라보는 관점. 현대 사회는 거의 경제적 기제로 움직이고 있기 때문에 경제적 잣대로 평가할 필요가 있다.

③ **사회적 관점** 경제적 관점보다 더 넓은 관점. 이를 통해 실패와 사회의 관계를 평가할 수 있다. '그 실패가 사회에는 어떻게 보일까', '사회는 그 실패에 어떻게 반응할까' 같은 평가가 기준이 된다.

④ **윤리적 관점** 인간 본연의 입장에서 실패를 바라보는 관점. 인간으로서 해서는 안 될 일이 벌어졌는지를 냉철하게 판단할 수 있다. 도덕적 절대 기준이라고 할 수 있겠다.

그런데 실패는 '개인', '조직', '사회'와의 관계 속에서 피드백을 받는다는 점에서, 특히 조직의 자율 점검 기능을 충실하게 만드는 일이 중요하다. 원래 기업이란 이익 추구가 목적이어서 안정성과 이익을 가운데 놓고 언제나 갈등이 일어난다. 이로 인해 실제로 제3자를 위험에 빠뜨리는 실패가 종종 일어난다. 그것을 방지하려면 사외이사나 외부 인사들로 구성된 위원회를 도입해서 조직을 외부의 관점으로 보는 것이 효과적이다.

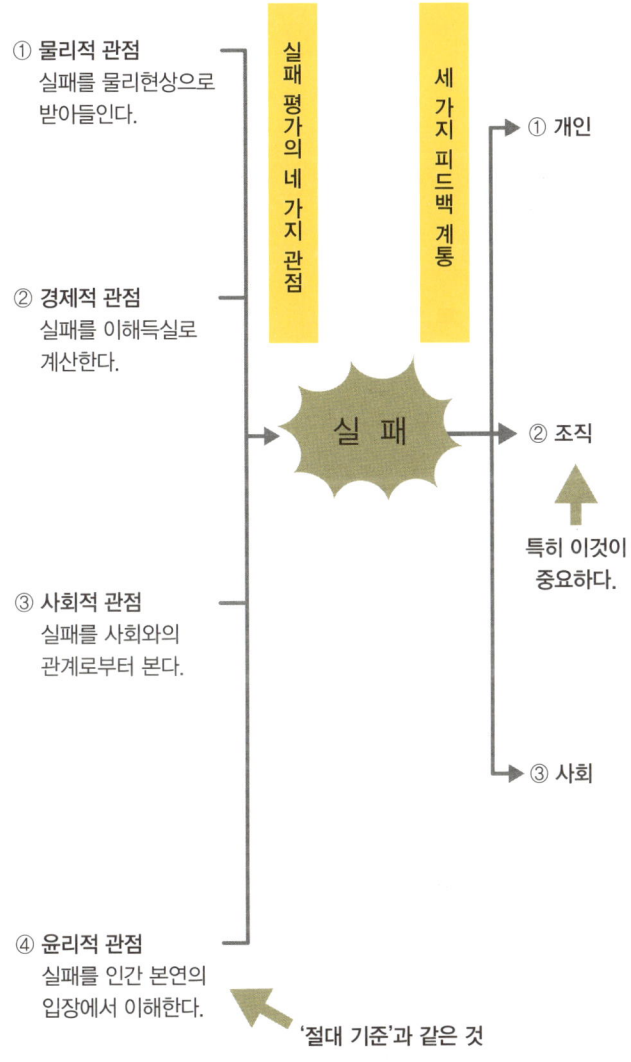

그림 18 실패 평가의 '관점'과 '피드백 계통'

16 실패로부터 회복하기

필요한 실패인데도 부당한 책임을 지는 경우가 있다

모든 책임을 져야 하는 최고경영자(CEO)의 중압감은 상상을 초월한다. 실패에 대한 잘못된 인식은 반드시 바뀌어야 한다.

JR 히가시니혼[東日本] 회장이었던 야마노우치 슈이치로[山之內秀一郎, 2008년 8월 작고]는 2000년 7월 우주개발사업단 이사장에 취임했는데, 취임 1개월 만에 로켓 볼트 수십 개가 날아가는 사고가 일어났다. 또 2003년 11월 우주항공연구개발기구(JAXA) 초대 이사장으로 재직할 때는 H-IIA 로켓 6호기 발사가 실패하면서 다시 궁지에 몰렸다.

이런 일이 줄을 이으면서 그에 대한 사회적 시선은 나빠져갔다. 하지만 미지의 세계에 대한 도전이었던 우주개발사업은 어느 정도 실패가 불가피하다는 점이 인정되어야 한다. 다른 나라에서 로켓 발사는 스무 번 시도해서 한 번 정도 실패하고 있다. 또 일본의 우주개발사업은 미국의 10분의 1 정도의 예산으로 추진하면서도 세계 정상급에 도달해 있어 높이 평가할 만하다.

하지만 세상의 눈은 발사 실패 사실에만 모아진다. 그래서 발사 실패 1년 후 야마노우치는 몸이 급속도로 쇠약해져서 JAXA 이사장을 사임했다. 어떤 의미에서는 필요한 실패였는데도 부당한 책임을 진 결과였다. 야마노우치는 "이사장직에 계속 앉아 있었으면 중압감에 못 이겨 틀림없이 죽고 말았을 것"이라고 회고했다. 이것만 봐도 모든 책임을 져야 하는 최고경영자의 중압감이란 상상을 초월함을 알 수 있다. 나는 부당한 책임을 지지 않는 사회가 이루어지기 위해서는 먼저 실패에 대한 사람들의 잘못된 인식이 바뀌어야 함을 절감하고 있다.

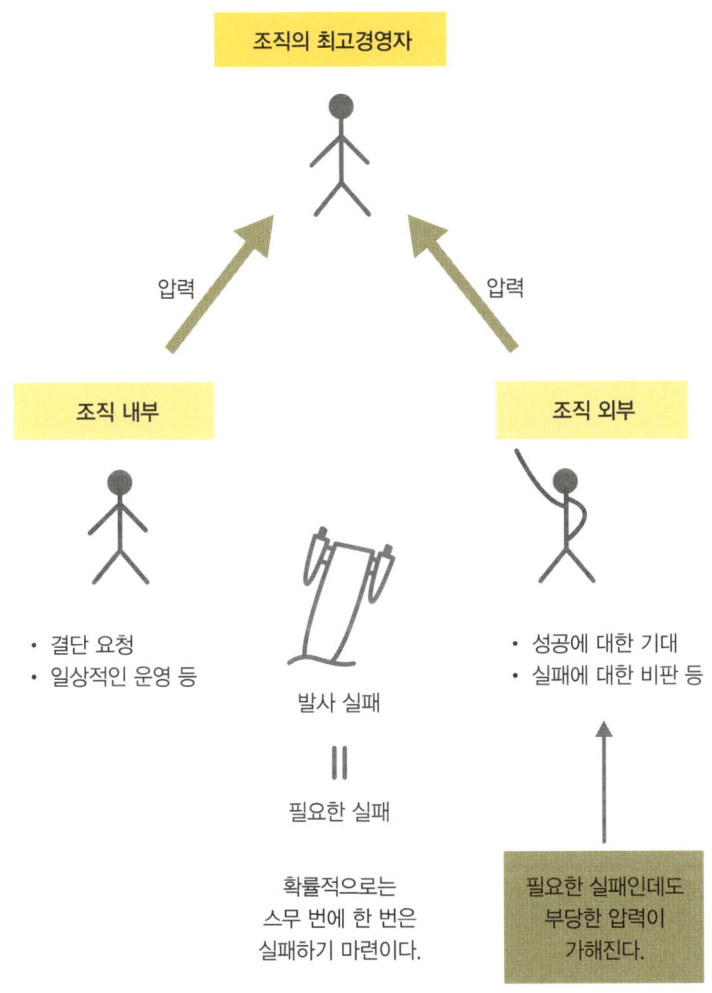

그림 19 압력과 부당한 압력

17 실패로부터 회복하기

징벌인사 뒤에는 반드시 후속 조치가 있어야 한다

실패의 진짜 원인은 사회의 문화 속에 숨어 있다. 실패를 한 개인에게 귀속시키고 끝내는 것은 문제의 근본적 해결에는 도움이 안 된다. 그래서는 같은 실패가 일어나는 상황이 계속될 수밖에 없다.

일본의 경우 실패는 '좋지 않은 일'로 치부되어서 많은 사람들이 '실패는 개인의 출세와 승진에 나쁜 영향을 미치는 중대한 사안'이라고 받아들이고 있다. 그런 경향은 실패에 따른 징계에서도 마찬가지다. 예컨대 사상자가 발생한 실패의 책임은 형사 재판으로 엄중하게 추궁되어, 최종적으로는 그림 20에서 예시하고 있는 것처럼 관계자는 물론이고 상사까지 '개인'에 대해 죄를 추궁하는 경우가 대부분이다.

   더구나 설령 재판에서 개인에게는 책임이 없다고 밝혀져도 회사가 징계를 내리는 경우가 적지 않다. '저 회사는 반성하지 않고 있다'는 식의, 외부의 따가운 눈총을 피하기 위한 조치라고 할 수 있다. 그러나 이런 경우 실패의 진짜 원인은 업무처리 방식이나 사고방식 같은 조직 문화에 그대로 남아 있게 된다. 전혀 합리적인 대처가 아닐 뿐 아니라 같은 실패를 일으키는 상황은 그대로 유지될 수밖에 없다. 이렇게 되면 구성원들은 도마뱀 꼬리 자르기 식의 회사 결정을 신뢰하지 못하고 최선을 다하겠다는 생각도 할 수 없다.

   만약 어쩔 수 없이 징계를 하게 된 경우라면 "이건 대외적으로 형식적인 조치일 뿐이다. 회사는 개인의 책임이라고 생각하지 않는다."라고 당사자는 물론이고 주변 관계자들에게 정확하게 밝혀놓고 때가 오면 다시 기회를 주는 식의 후속 조치를 해야 한다. 그래야 비로소 구성원들이 안심하고 조직에 대해 자긍심을 갖고 최선을 다할 수 있을 것이다.

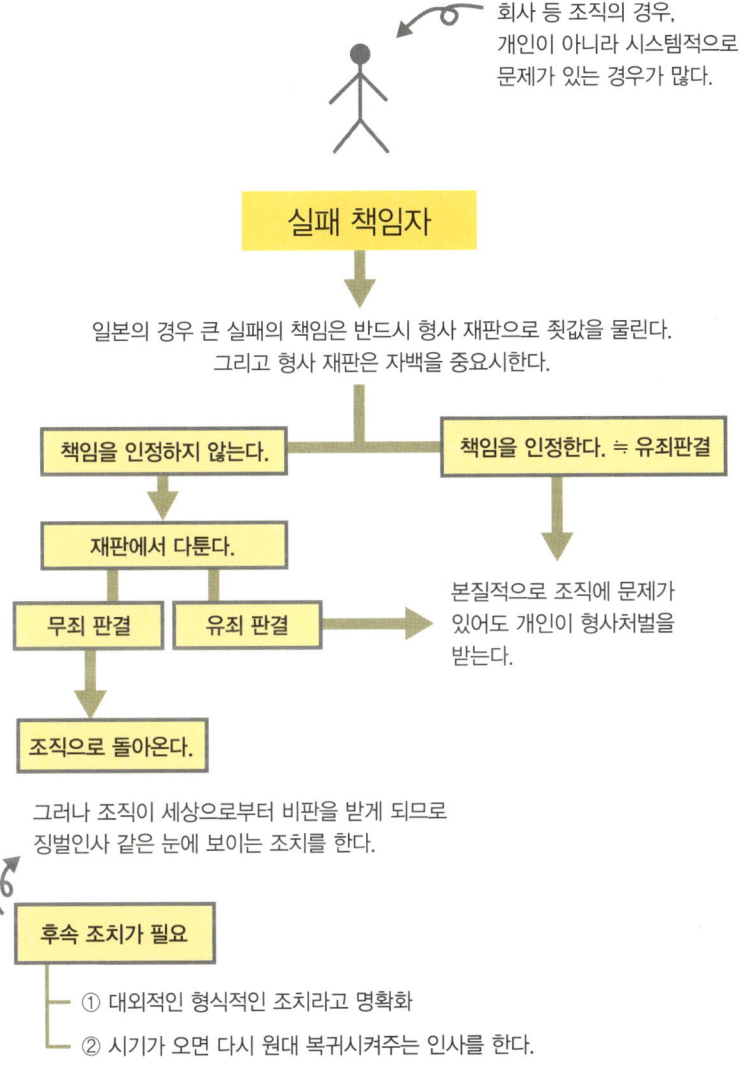

그림 20 왜 징벌인사에는 후속 조치가 필요한가?

18 실패로부터 회복하기

당사자 간 분쟁은 중재자를 내세워 수습하라

당사자가 복수인 경우, 이해관계가 없는 제3자(중재자)가 사태 수습에 나서는 것이 사태를 합리적으로 풀 수 있는 계기를 만들 수 있다.

실패 뒷수습은 실패한 당사자가 맡아야 한다고 생각하기 쉽다. 일과 무관한 사람이 나서서 뒷수습을 하는 것은 남의 뒷설거지를 해준다고 여겨져서 그다지 좋은 모양새가 되기 어렵고, 그런 일을 하면 '그 사람은 남한테 기대기를 좋아한다'거나 '사태 해결 능력이 없다'고 낙인찍히기 십상이다. 그러나 나는 효율적인 뒷수습을 위해서 '실패한 당사자가 아니라 제3의 인물이 나서는 것이 결코 나쁜 선택이 아니다'는 점을 강조하고 싶다.

예컨대 어떤 사고가 발생해서 배상 문제를 처리해야 한다고 치자. 일대일이라면 당사자끼리 수습해도 되고 다른 사람이 끼여도 된다. 상황에 맞게 대응하면 된다.

그러나 당사자가 복수인 경우에는 수습이 잘 안 되는 경우가 있다. 뒷수습을 누가 하느냐의 문제 이전에, 서로가 '나에게는 책임이 없다'고 격렬하게 대립하여 사태 해결에 진전이 없을 가능성이 커진다. 또는 사고 원인이 명백해서 더 이상 다툴 필요가 없는 경우에도 서로 자신의 입장을 고집하거나 변명을 일관해 '사태를 끝내고 싶은데도 끝낼 수 없는' 상태에 빠져들 수도 있다.

그런 경우에는 이해관계자가 아닌 제3의 인물을 중재자로 내세워야 한다. 냉정한 눈으로 상황을 보고 뒷수습을 하는 것이 합리적인 사태 해결의 실마리를 찾아주기 때문이다.

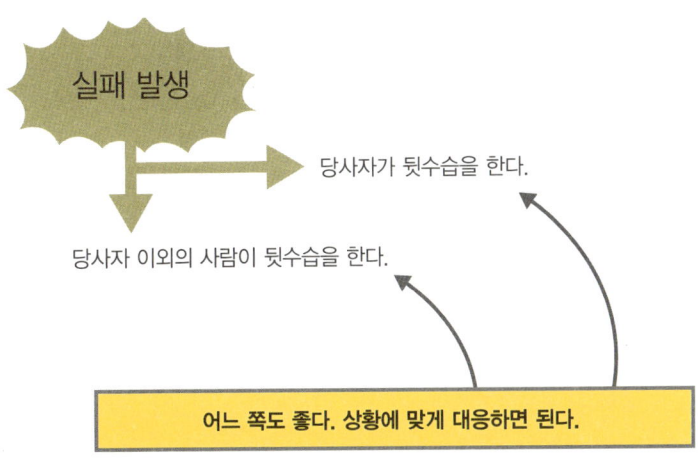

특별히 당사자가 복수인 경우

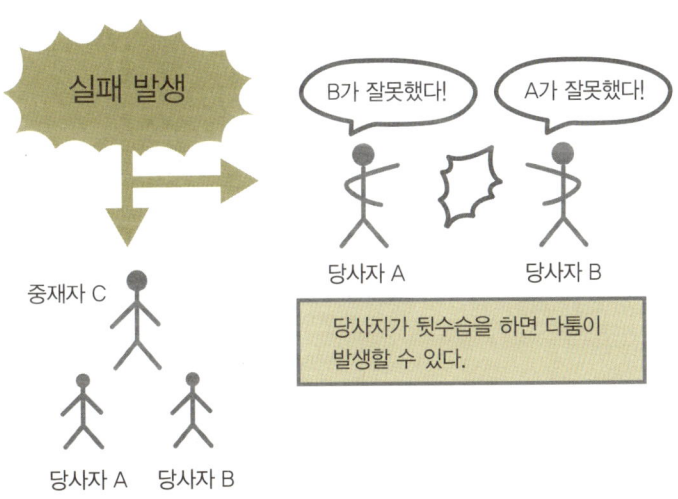

그림 21 실패 발생 후 뒷수습 방법

19 실패로부터 회복하기

대형 사고 뒤에는 반드시 유족의 바람을 승화시키는 노력을 해야 한다

유족의 아픔과 슬픔을 온전히 위로할 방법은 없다. 그러나 사고를 일으킨 사람은 어떤 어려움이 있더라도 할 수 있는 최선을 다해야 한다.

사고로 사랑하는 사람을 잃은 유족의 슬픔은 상상하기 어렵다. 사고를 일으킨 당사자가 그것을 무겁게 받아들여야 한다는 것은 두말할 필요가 없다. 나는 예전에 일본항공(JAL)의 자문위원회인 '안전 어드바이저리 그룹'의 일원으로 활동한 적이 있었는데, 1985년 JAL기 추락사고의 유족으로부터 "가족의 죽음이 헛되이 될까 봐 걱정된다."라는 얘기를 들었다. 참으로 무거운 이야기였다.

사고를 일으킨 당사자가 반드시 해야 할 일은 ① 진지한 사죄와 ② 원인 규명과 설명, ③ 금전적 보상, ④ 사고로 얻은 교훈을 활용한 안전대책의 강구다. JAL기는 ①~③까지는 어느 정도 했지만 ④에 대해서는 충분하지 않았다.

JAL은 자문위원회의 제언을 받아들여 유족들의 요구에 부응하기 위해 '안전계발센터'를 설치했다. 사고의 교훈을 사고재발방지를 위한 수단으로 활용한다는 자세를 가시적인 형태로 구체화한 조치였다. 그것은 '가족의 죽음을 헛되이 하고 싶지 않은' 유족들의 바람을 승화시키는 유일한 길이었다.

물론 그것으로 유족의 슬픔을 완전히 덜어줄 수는 없다. 그래도 사고를 일으킨 당사자는 어떤 어려움이 있어도 할 수 있는 일은 최대한 해나가야 한다는 점을 기억해야 한다.

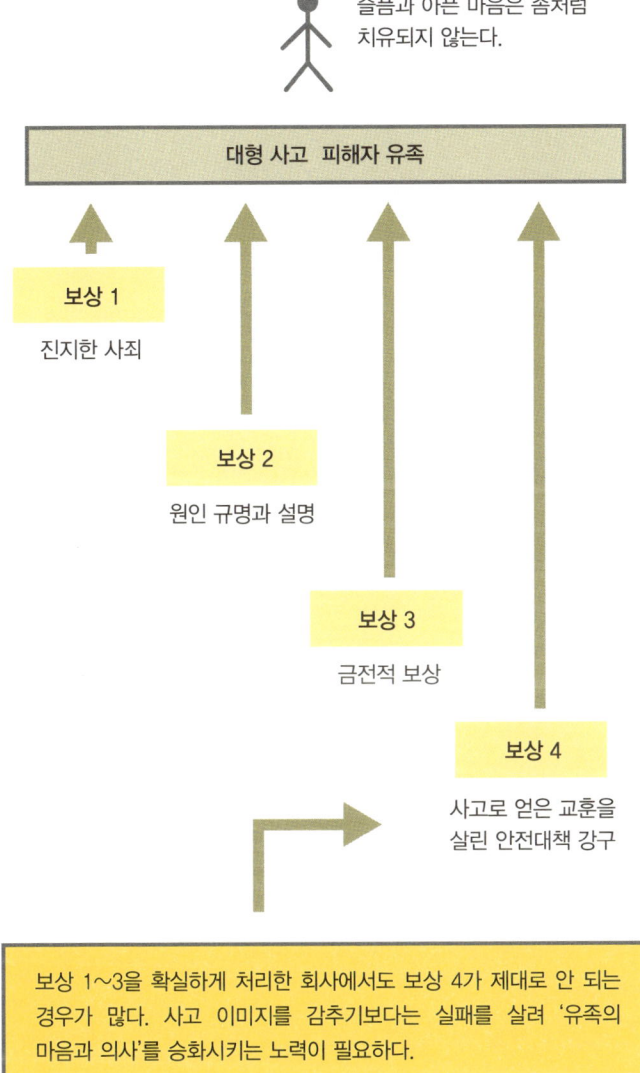

그림 22 대형 사고 후 유족에게 보상해야 하는 네 가지

칼럼
01

[실패학 실천록 ①]

도산했다가 보기 좋게 부활, 증시 상장까지 이루어낸 요시노야

구멍가게였던 쇠고기덮밥집 요시노야[吉野屋]가 전국 체인망을 시작한 것은 1973년이었다. 이로부터 5년 만인 1978년에는 프랜차이즈를 포함해 일본 전역에 200개의 점포를 여는 규모로 성장했다. 그러나 불과 2년 후에 요시노야는 도산했다. 급격한 점포 확대로 쇠고기의 필요량이 급증하면서 재료 값이 치솟자 원가가 싼 냉동 쇠고기를 식재료로 투입해 손익을 맞추려고 했던 것이 발단이었다. 그렇게 맛이 떨어지는 데다가 가격도 300엔에서 350엔으로 인상되자 고객들은 급격히 떨어져나갔다. 하지만 그런 실패를 뛰어넘어 도산했던 요시노야는 1년 만에 흑자로 전환해 1987년에는 채무를 상환하고 1990년에는 증시에 주식을 상장했다.

이 같은 V 자형 회복을 주도한 것은 아르바이트에서 시작해 사장이 된 아베 슈지[安部修仁]였다. 아베는 저서 ≪요시노야의 경제학≫(닛케이 비즈니스인문고)에서 이렇게 밝히고 있다.

"(도산으로 인해) 정말 중요한 것들을 공부했다. 그 실패 데이터베이스는 지금도 소중하게 간직하고 있다. 우리는 실패 요소를 파악할 수 있었고 그런 요소가 보이게 되면 사업을 확대하지 않는다는 원칙을 정했다. 물론 아무리 잘 준비해서 대처해나가도 반드시 성공한다는 보장은 없다. 그래도 실패의 조건에 대해서만큼은 100% 완벽하게 공부했다고 생각한다."

이 같은 요시노야의 부활극은 실패를 적극적으로 연구하면 같은 실패를 피할 수 있어서 '강한 회사'로 거듭날 수 있다는 점을 보여주는 좋은 사례가 되고 있다.

Step 2

[실패학의 기초]

실패를 분석할 수 있는 사람이 되라

20 실패학의 기초

실패 원인은 여러 계층으로 되어 있다

사고나 문제의 원인에는 계층성이 있다. 그것을 모르면 진짜 원인이 보이지 않는다.

사고나 문제의 원인을 분석하면 실패 원인과 밖으로 드러난 실패의 겉모습에는 피라미드형 계층이 있다는 것을 알게 된다(그림 23 참조). 그 저변에는 일상적으로 반복되는 극히 작은 실패의 원인들이 있다. '무지', '부주의', '규칙 위반', '오판', '검토 부족' 등이 그러한 것들로, 모두 개인에게서 비롯된다. 그러나 그 위의 단계로 가면 '조직 운영 부실', '기업 경영 부실', '행정·정치의 태만', '사회 시스템 부적합' 같은 사회 차원의 실패 원인들이 널려 있다(이런 피라미드 구조의 최상부에도 우리가 알 수 없는 어떤 현상이나 원인이 있겠지만 여기서는 논외로 하자).

그러나 실제로 사고나 문제가 발생했을 때는, 사고의 계층을 잘 못 볼 수 있어서 조직이 개인 한 명에게 책임을 뒤집어씌움으로써 파장을 수습하는 경우가 적지 않다.

2000년 6월 일본에서 대형 낙농회사가 대규모 집단 식중독 사건을 일으켰을 때, 현장 종업원의 위생 관리가 문제로 부각되었다. 그러나 종업원 가족이 신문을 통해 "사고 배경에는 과도한 잔업을 요구하는 근로 조건이 있었고 그 결과 위생 관리가 허술하게 되었다."라는 사실을 폭로했다. 이같이 속사정을 잘 검증해보면 조직 운영상의 문제나 경영 부실 문제(즉, 개인보다는 넓은 의미의 사회 차원에 원인이 있는 경우)로 귀착되는 경우가 적지 않다. 실패 원인에 계층성이 존재한다는 것을 모르면 진짜 원인을 발견할 수 없다.

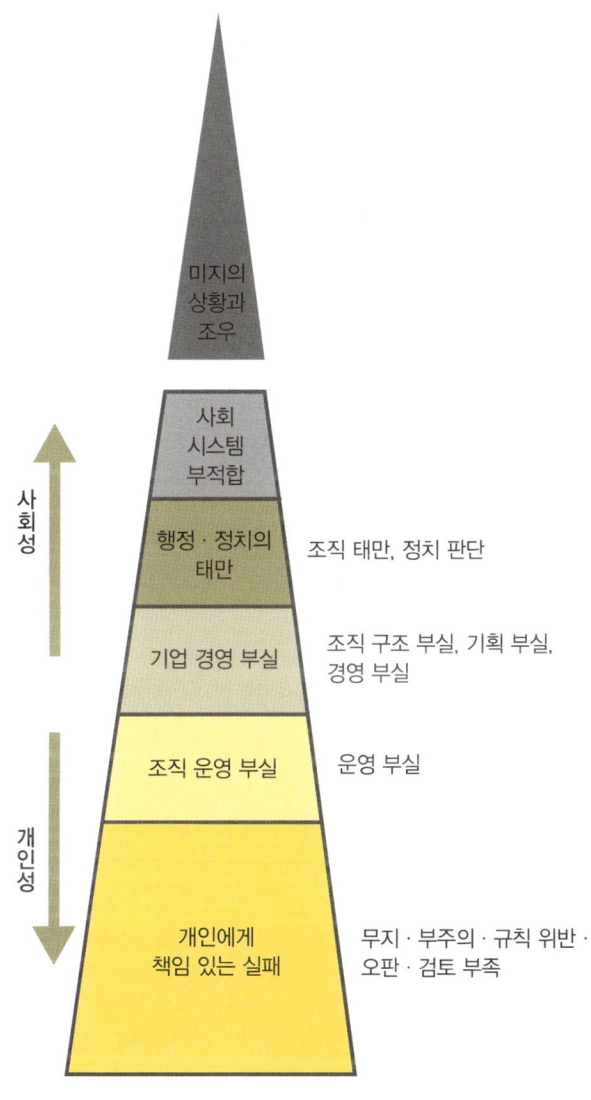

그림 23 실패 원인의 계층성

실패는 방치하면 더 커진다

실패가 배양되는 곳에는 무수한 실패의 씨앗들이 있고 그것이 싹을 틔워서 자라나면 결국 표면화되면서 겉으로 모습을 드러낸다.

실패의 계층성에 대해서는 앞서 밝힌 바대로 방치해두면 계속 자라난다는 점을 강조하고 싶다.

실패의 배양지에는 실패의 씨앗 같은 것이 있다.

씨앗은 어느 정도 에너지를 흡수하면 배양지 밖으로 뚫고 나와 '발아'한다. 그 단계에서는 실패가 발생할 가능성을 감지하고 손을 쓰면 문제를 미연에 방지할 수 있다. 그러나 대부분의 경우는 그런 가능성을 감지하지 못한다. 그래서 방치해두면, 싹이 계속 자라나서 마치 복어가 배 속에 바람을 잔뜩 넣고 수면 위로 떠오르듯이 '실패의 문턱'을 넘어서게 된다. 즉, 거기서 실패가 표면화된다는 이야기다. 그렇게 되면 어느새 그 실패를 감추는 것은 불가능해지고 최종적으로는 사달을 일으켜서 주변에 악영향을 미치기 시작한다(그림 24).

더 큰 문제는 실패의 배양지에서 발생한 실패의 씨앗이 하나에 그치지 않고 무수히 많다는 점이다(그림 25). 그것이 잇따라 발아하면서 시간이 흐름에 따라 더 큰 영향을 초래한다. 실패에 정점과 바닥이 있다고 한다면 실패는 가장 낮은 데서부터 자라고 있다는 이야기다. 그 싹을 초기에 잘라도 영향이 적지 않을 텐데 실패 피라미드의 정점까지 성장하면 문제가 심각해질 수밖에 없다. 돌이킬 수 없는 사고가 일어날 수도 있다는 이야기다.

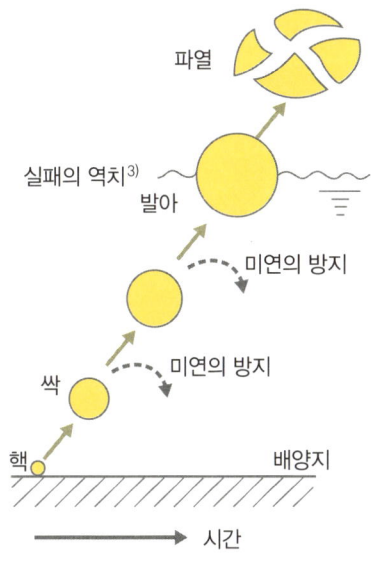

그림 24 실패의 성장

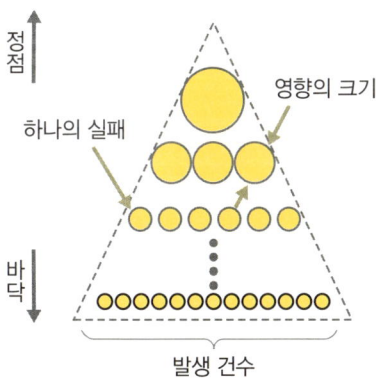

그림 25 실패의 계층성

22 　실패학의 기초

하나의 큰 실패 앞에는
300개의 작은 실패가 예고되고 있다

신문기사로 나올 만한 '대형 사고' 앞에는 29건의 '경미한 사고'와 300건의 사소한 징후가 있다.

앞서 작은 실패가 성장해서 큰 실패를 일으킨다고 설명한 것처럼, 일상적인 일을 하다가 실패로 표면화될 확률은 어느 정도 될까?

　그것을 생각해보기에 앞서 참고할 만한 지표가 되는 것이 있다. 바로 '하인리히 법칙'이다. 미국의 손해보험회사 기술조사부 부부장이었던 허버트 W. 하인리히가 1929년 발표한 논문에서 처음 등장한 법칙인데, "한 건의 중대 재해가 발생하기 전에는 29건의 경미한 재해가 발생하고 그전에는 아슬아슬하게 위기를 넘긴 사건이 300건이나 있었다."라는 이야기다. 이 원리를 일반적인 업무에 적용해보면 "한 건의 '신문기사가 될 만한 실패'(사고 또는 문제)가 발생하기 전에는 29건의 '경미한 문제'가 발생했고 또 그 앞에는 '문제가 될 뻔했던 일'들이 300번이나 있었다."라고 할 수 있다.

　'큰일 났다'는 생각이 든다는 것은 위험 가능성을 인식했다는 신호다. 그래서 그것은 '언제 일어나도 이상하지 않은 잠재적 실패'라고 말해도 좋다. 게다가 전혀 인식도 하지 못하고 있던 잠재적 실패도 무수히 많다는 사실도 알아야 한다. 우리는 언제 실패해도 이상하지 않은 위험한 바다를 건너고 있다고 해도 과언이 아니다.

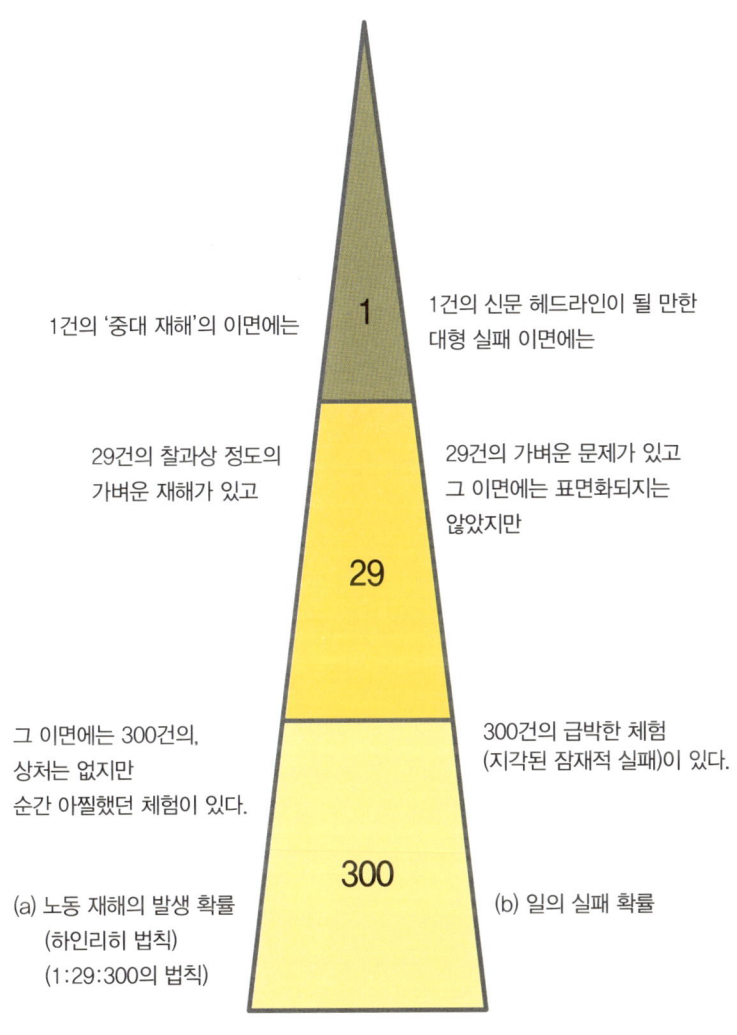

그림 26 일할 때 실패가 일어나는 구조(노동 재해의 발생 확률로 유추)

23 실패학의 기초

실패의 인과관계는 역산으로 알 수 있다

실패를 막으려면 '역산'의 관점에서 숨겨진 '요인'과 실패의 '맥락'을 찾아낼 필요가 있다.

실패를 반복하지 않으려면 '어떤 원인이 어떤 결과를 초래했는가?'를 정확하게 이해하는 것이 무엇보다 중요하다. 그러나 실패라는 '눈에 보이는 결과'에서 '보이지 않는 원인'을 찾아내기란 말처럼 쉬운 일이 아니다. 그래서 공학에서 사용되는 '역산(逆算)'의 발상이 필요하다.

구체적으로, 실패를 '원인'과 '결과'라는 두 가지 측면으로 보는 것이 아니라, 그림 27처럼 '원인'을 '요인(동기·문제점)'과 '내부 메커니즘(예컨대 조직 및 인간의 특성)'으로 세분해서 보는 방식이다. '요인'은 '내부 메커니즘'이라는 과정을 거쳐서 '결과'로 바뀌는데, 관찰자는 그 내부 메커니즘을 직접 볼 수 없다. 그래서 역으로 '결과'로부터 숨어 있는 '요인'과 '내부 메커니즘'을 세밀하게 관찰해나가게 된다.

일반적으로 설계나 기획 같은 일은 큰 목표인 '결과'를 설정하고 우선 그것을 분석해서 작은 과제로 단순화한다. 그리고 그 과제를 해결하면 목표가 달성될 것으로 기대한다. 즉, 이렇게 하면 잘될 것이라는 '순연산'의 발상이다. 그러나 이렇게 해서는 십중팔구 예기치 못한 문제가 발생해 실패로 이어지고 만다. 따라서 '역산'의 관점에서 숨어 있는 '요인'을 겉으로 드러내고 실패로 연결되기 쉬운 '맥락'을 찾아내는 것이 필요하다(그림 28).

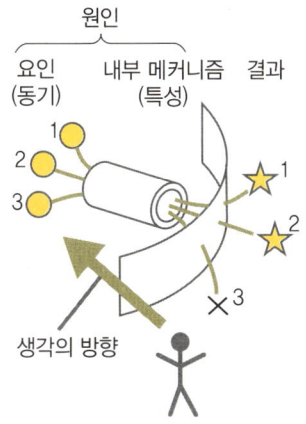

그림 27 실패의 원인과 결과의 관계
(보이는 결과에서, 원인을 형성하고 있는 내부 메커니즘과 요인을 추정한다.)

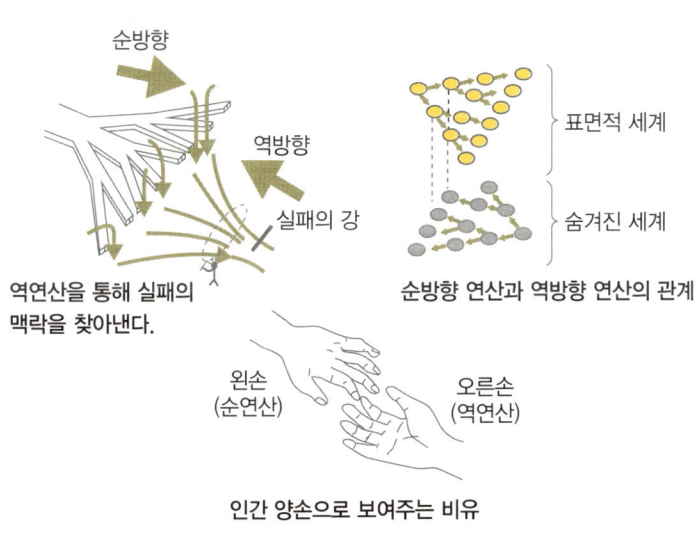

그림 28 역연산 사고의 필요성

24 실패학의 기초

실패의 원인을 분석하자 ①

실패를 낳는 대표적인 5대 원인 – '미지', '무지', '부주의', '순서 미준수', '오판'

실패를 활용하려면 먼저 분석이 필요한데 실패 원인은 열 가지로 나눌 수 있다. 그중 실패로 연결되기 쉬운 다섯 가지 원인을 먼저 소개한다.

① **미지** 세상에는 아직도 그 누구도 모르는 것(미지의 현상과 그에 이르는 원인)이 존재해서 그 영향을 받아 실패하는 경우도 있다. 하지만 인간은 역사적으로 그런 미지에 의한 실패의 경험을 통해 해결의 실마리를 찾아왔다.

② **무지** 이미 예방책과 해결법이 있는데도 공부가 부족하여 실패하는 경우도 많다. 반대로, 실패를 두려워하여 사전 조사나 준비를 너무 한 나머지 귀중한 시간과 의욕을 잃어 실패하는 경우도 적지 않다.

③ **부주의** 신경만 쓰면 막을 수 있는데도 방심하는 바람에 실패하는 경우다. 과로나 컨디션 조절을 하지 못하거나 시간에 쫓기는 경우일수록 주의가 필요하다.

④ **순서 미준수** 정해진 약속이나 순서를 지키지 않아서 실패가 일어나는 경우다. 특히 집단으로 하는 작업에서는 한 명의 행동이 큰 사고의 원인이 되기 쉽다.

⑤ **오판** 판단 근거로 사용한 기준이나 판단에 이르기까지의 순서가 틀렸을 때도 실패가 발생한다. 사려 없이 무심코 일을 진행하다 발생하는 경우가 많다.

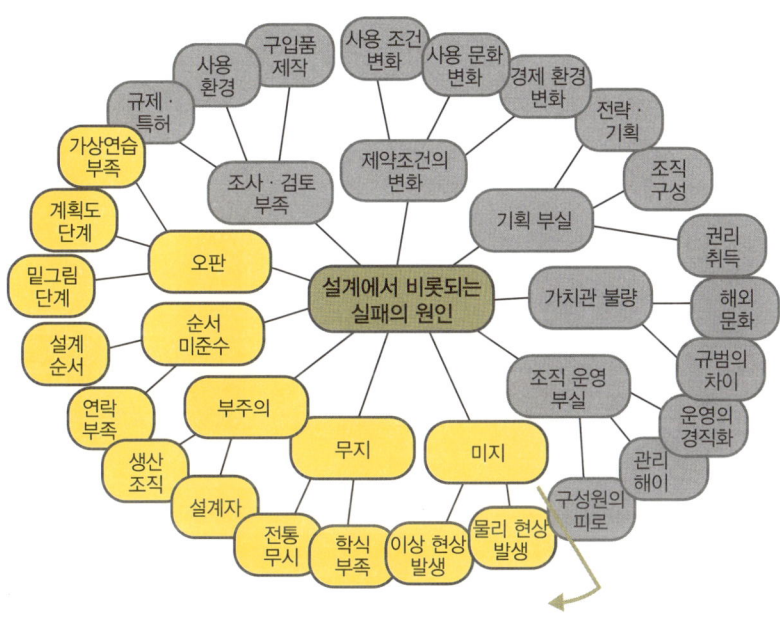

그림 29 실패 원인의 분류

실패의 원인을 분석하자 ②

잊어서는 안 될 실패의 원인 – '조사·검토 부족', '제약조건의 변화', '기획 부실', '가치관 불량', '조직 운영 부실'

이어서, 조직에서 범하기 쉬운 나머지 다섯 가지 실패 원인을 소개한다.

⑥ **조사·검토 부족** 판단해야 하는 입장에 있는 사람이 당연히 알고 있어야 할 지식이나 정보를 갖고 있지 않아서 일어나는 실패다. 충분한 검토를 하지 않아서 일어나는 실패를 포함한다.

⑦ **제약조건의 변화** 뭔가를 만들거나 기획할 때 어떤 제약조건을 상정해두는 것이 일반적인데 시간이 지남에 따라 그 제약조건이 변화해버려서 바라던 결과를 얻지 못한 채 실패하고 마는 경우다.

⑧ **기획 부실** 기획이나 계획 그 자체에 문제가 있는 경우는 당연히 성공을 기대하기 어렵다. 예컨대 상사의 기획이 처음부터 허술하다면 실제로 실행하는 부하는 생고생을 할 수밖에 없다.

⑨ **가치관 불량** 자신의 가치관이 주위와 다를 때 일어나는 실패다. 예컨대 기어이 해외에 진출했을 때 그 나라 국민의 가치관을 몰라서 실패하는 경우가 많다. 또 과거의 성공에만 기대어 새로운 가치관을 받아들이지 못해도 실패에 이를 가능성이 커진다.

⑩ **조직 운영 부실** 조직 자체에 일을 진전시킬 만한 능력이 갖추어 있지 않다면 실패는 당연하다. 가장 심각한 경우는 조직의 최고책임자가 실패를 인정하지 않음으로써 실패하고 마는 경우다.[4]

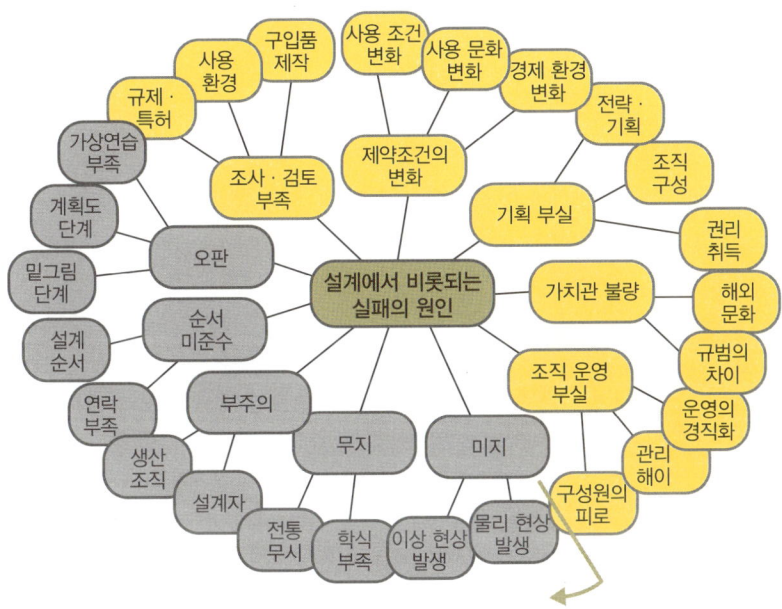

그림 30 실패 원인의 분류

회사에서 일어나기 쉬운 실패의 연쇄 ①
전달의 끊김

언제 사고가 일어나도 이상할 것이 없는 상황에서 '전달'에 결함이 있으면 같은 사고가 반복해서 일어난다.

상당수 조직은 위에서 아래로 명령이 효율적으로 전달되도록 되어 있다. 그래서 조직은 역할이 다른 부서가 그에 알맞게 정형화된 형태로 저마다 운영되고 있어서 마치 나뭇가지가 영양이나 수분을 줄기에서 가지로, 가지에서 잎으로 보내는 것과 같은 구조로 되어 있다.

그것은 직원 한 사람이 많은 지식을 가질 필요 없이 자신이 맡은 파트만 이해하고 있으면 된다는 효율 최우선의 사고방식에 따른 조직 구축의 결과다. 때로는 상호 이해(연결고리)조차 필요 없다는 식의 극단적인 경우가 나타나는 이유도 여기에 있다.

그러나 이런 나뭇가지 구조가 때때로 대형 실패를 초래하는 근본 원인이 되기도 한다. 그림 31을 보면 알 수 있듯이, 나뭇가지 구조에서는 특정 계통의 말단 부서에서 일어나는 실패 체험이 좀처럼 다른 계통으로 전달되지 않는다. 즉, '전달의 끊김'이 일어나고 마는 것이다. 다른 계통이라고 해도 같은 조직 내부의 일이므로 언제 같은 실패나 사고가 일어나도 이상할 것이 없는 상황인데도 체험한 실패의 공유가 불가능하다. 그래서 각 계통이 연쇄적으로 같은 실패나 사고를 일으킬 위험에 빠지게 된다.

군대나 관공서가 전형적인 경우다. 종단적 구조에서 상명하복의 문화가 팽배해 있는 조직일수록 수평적 협업과 연대 가능성이 결여되어 있어서 피할 수 있는 실패나 사고가 연속해서 일어나거나 반복되는 것도 바로 이런 이유 때문이라고 할 수 있다.

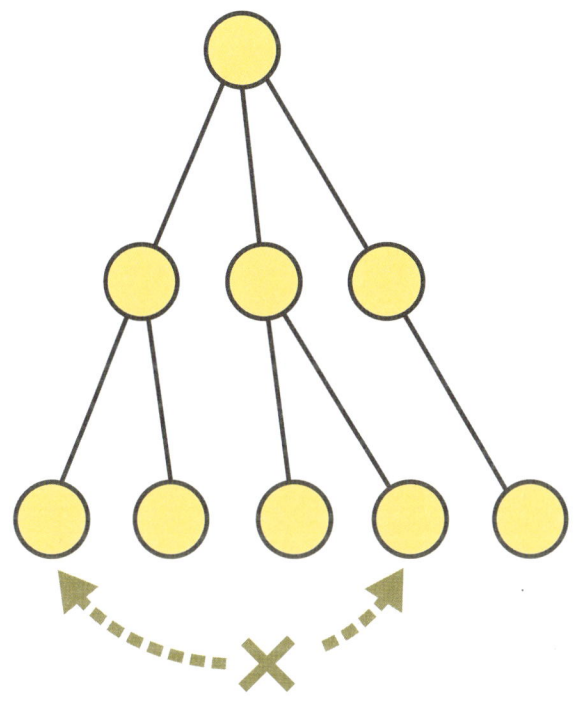

그림 31 다른 부서의 실패는 전달되지 않는다.

회사에서 일어나기 쉬운 실패의 연쇄 ②
보이지 않는 연결고리

'보이지 않는 연결고리'를 무시한 작업은 실패 확률을 높여서 결국 사고로 이어진다.

몸통에서 계속 뻗어나가 서로 만날 수 없는 나뭇가지 구조처럼, 부서 간에 연결고리가 끊어진 조직에서는 실패나 사고가 일어나기 쉽다. 여기서 더 나아가, '보이지 않는 연결고리'가 실패를 유발하는 경우도 있다는 데 주의할 필요가 있다.

예컨대 자동차를 만들 때 제조사는 조직을 엔진이나 전자부품 등 계통별로 나누고, 부품별로 세분화해서 작업을 하는 것이 일반적이다. 이런 방식이 효율적이기 때문이다.

그러나 사실은 모든 부품 사이에는 '보이지 않는 연결고리'가 있다는 것을 잊어서는 안 된다. '보이지 않는 연결고리'를 쉽게 설명하면, 어떤 부품의 움직임이 생각지도 않았던 다른 부품에 영향을 미치는 경우라고 할 수 있다. 그것을 '숨겨진 연결고리'라고 해도 좋다.

예컨대 엔진 자체에 문제가 없어도 피스톤 부분에서 발생하는 열이 제어용 전자기기에 악영향을 미쳐서 자동차 급발진 사고를 일으킬 가능성이 있다. 그래서 이같이 '보이지 않는 연결고리'의 존재를 모른 채 단순히 엔진 담당자, 전자기기 담당자만으로 나눠서 작업을 해나가면 실패할 확률이 점점 커지게 되고, 최종적으로는 그것이 원인이 되어 사고를 유발할 가능성이 커진다.

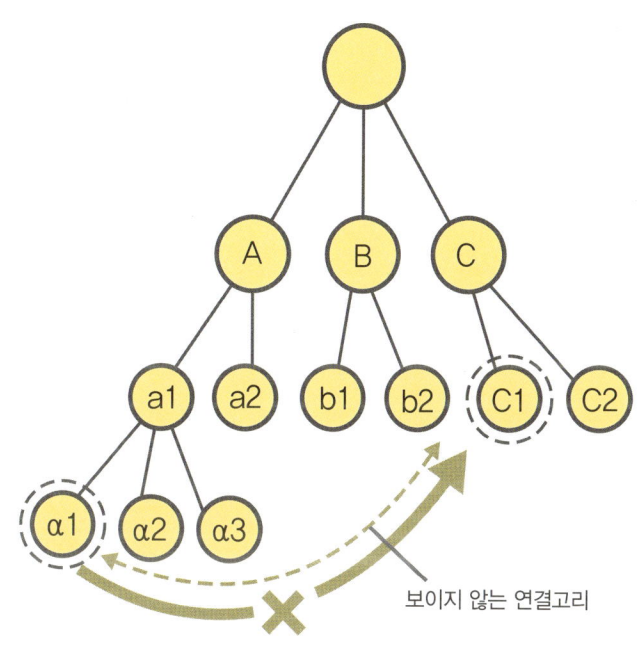

(예) 엔진 실린더 블록　　　　　(예) 제어용 전자회로

그림 32 부품 간에 숨겨진 관련성을 알아채지 못한다.

회사에서 일어나기 쉬운 실패의 연쇄 ③
중도 변경의 덫

조직에서 업무를 중도에 변경할 때 그 내용을 제대로 알리지 않으면 결국 실패로 이어진다. 부실한 소통이 모든 문제의 근원이다.

나뭇가지 구조 조직에서 일어나는 실패의 주요 원인으로 '중도 변경'을 꼽을 수 있다. 일단 정해진 작업 내용을 도중에 변경하면 실패가 일어나기 쉽다. 그런 일은 생산 현장을 비롯해 도처에서 일어날 수 있다. 중도 변경한 이후 부실한 소통이 모든 문제의 근원이라는 이야기다.

어느 조직이나 형식적으로는, 업무 방향을 바꿀 때 미리 정해진 사내 소통망에 따라 그 내용을 정확하게 전달하게 되어 있다. 그러나 실제 현장에서는 변경 내용이 전달되지 않거나 연락이 지연되는 일이 자주 발생한다. 그 결과는 실패로 연결되고 만다.

이같이 '중도 변경'에 의한 실패는 '준비 누락', '연락 누락'과 같은 형태로 나타나는 경우가 많다. 인사이동으로 전임자와 후임자의 인수인계가 잘되지 않았을 때가 대표적인 경우다. 이때는 발주가 누락되거나 연락이 단절되는 일이 발생해도 어느 누구도 알아채지 못한 채 작업이 진행된다. 그 결과 작업 전체가 중단되어버리거나 큰 사고가 일어나는 결과에 이르게 된다.

이런 일을 막는 지혜가 필요하다. 나는 전에 연락하는 것을 잊지 않으려고 손가락에 실을 싸매고 있는 사람을 본 적이 있다. 그 실을 보면 왜 맸는지가 떠오를 것이다. 굉장히 좋은 아이디어라고 할 수 있다. 나는 뭔가 미뤄둬야 할 연락이 있을 때는 반드시 포스트잇에 적어서 눈에 띄는 곳에 붙여놓는다. 이렇게 조금만 신경 쓰면 실패를 줄일 수 있다.

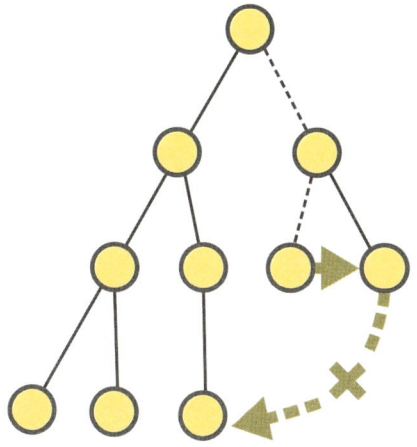

그림 33 중도 변경이 모든 실패의 근원이 된다.

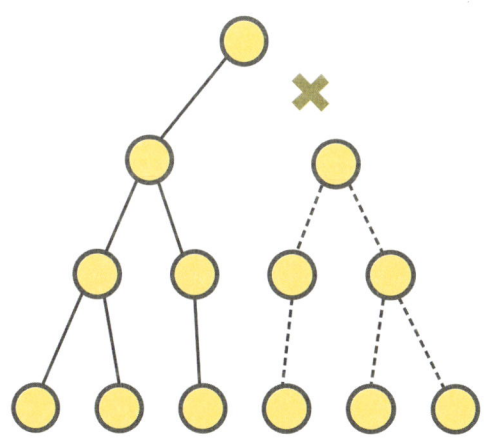

그림 34 보고되지 않은 문제는 그 누구도 알아채기 어렵다.

실패 정보의 특성을 알자 ①

실패 정보는 시간이 지나면서 '감소'하기 시작해 '단순화', '왜곡화'를 거쳐 '신화화'되어간다.

'실패 정보를 얼마나 잘 활용할 수 있느냐'가 이 책의 핵심 테마라는 점에서 실패 정보가 갖고 있는 특성을 잘 알아두는 것이 중요하다.

① **감소한다** 실패는 잘했다고 떠벌리고 다닐 수 있는 것이 아니다. 그래서 실패 정보는 잘 전달되지 않는다. 결국 시간이 흐르거나 각 부서에 전달될 때마다 내용이 점점 감소하면서 중요성이나 긴급성을 잃어간다.

② **단순화된다** 정보는 전달될 때마다 그 내용이 단순화된다. 기록된 것이 있으면 나름대로 괜찮다. 하지만 말로만 전달할 때는 실패 내용이 몇 개의 구절로 단순화된다. 실패 이후의 경과나 원인에서 무언가를 배우려고 해도 제대로 안 되는 이유가 여기에 있다.

③ **왜곡화된다** 실패 정보는 때때로 왜곡된다. 실패 정보가 전달되면 불이익을 당할 사람이 반드시 있기 때문인데, 작은 왜곡이 여러 번 반복되는 사이에 정확한 정보는 오간 데 없이 완전히 다른 정보만 남기도 한다.

④ **신화화된다** 전함 야마토[5]는 전쟁이 대함거포 시대에서 항공기 시대로 바뀌고 있는 것을 인식하지 못한 채 작전에 나섰다가 격침되었다. 그러나 신화화되면서 '비극의 전함'이라는 이름으로 곧잘 회자된다. 사실은 왜 '무용지물'이 되었는지를 알아야 한다. 비극적 이야기는 사람의 감정에 호소하여 이같이 신화화되기 쉽다. 때문에, 그 결과 일방적인 시각에 경도되어서 실패를 지식화하는 것을 가로막을 수 있다는 것을 주의할 필요가 있다.

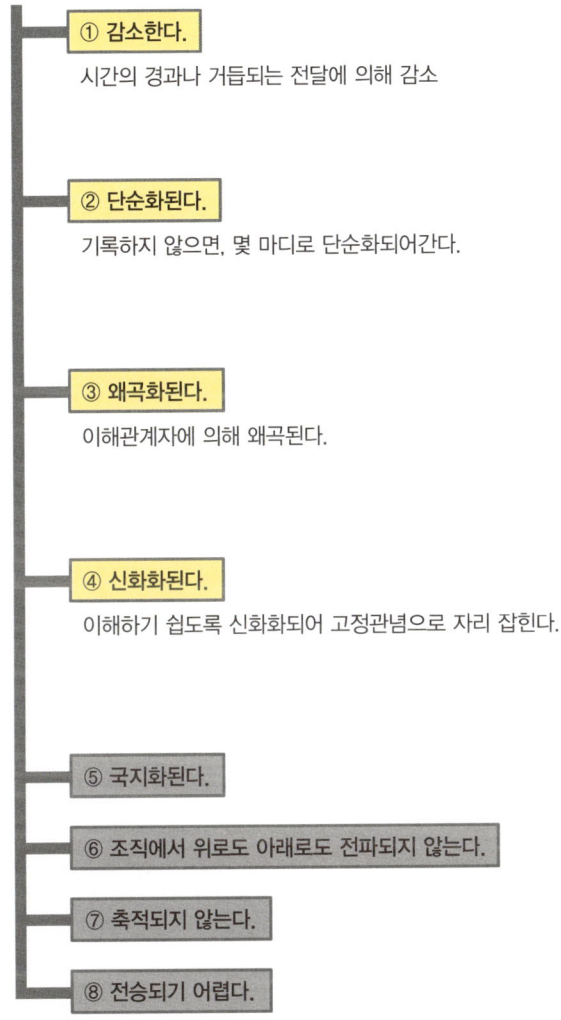

그림 35 실패 정보의 특성 ①~④

실패 정보의 특성을 알자 ②

실패 정보는 '국지화'되기 쉬워서 '조직 내부에서 위아래로의 이동'도, '축적'되기도 어려운 등 조직 내에서 '공유'되기 힘든 속성이 있다.

실패 정보의 특성에는 앞서 이야기한 네 가지 속성 외에 다음과 같은 네 가지 속성이 더 있다.

⑤ **국지화된다** 한 장소에서 일어난 실패는 다른 장소로 쉽사리 전달되지 않는다. 어떤 부서에서 일어난 일이 바로 옆 부서로 전달되지 않을 정도다. 그 결과 실패 정보는 한 장소에만 머물고 조직 전체로 퍼져나가지 않는 경향이 있다.

⑥ **조직에서 위로도 아래로도 전파되지 않는다** 실패 정보는 횡적으로 전파되기 어려울 뿐만 아니라 조직의 상하층으로도 잘 전달되지 않는다. 그 정보가 알려지면 실패 당사자에 대해 상사는 물론이고 부하 직원도 좋지 않게 평가할 가능성이 크기 때문이다. 당연히 실패를 알리고 싶어하지 않게 되면서 대다수의 경우 실패를 숨겨버리게 된다.

⑦ **축적되지 않는다** 성공 체험은 적극적으로 축적해서 활용하는 경우가 많다. 그러나 네거티브 정보인 실패 정보는 좀처럼 축적되지 않는다. 실패 정보를 축적해도 그걸 이용해서 플러스 효과가 신속하게 나오지 않기 때문이다.

⑧ **전승되기 어렵다** 앞서 밝혔듯이 실패 정보는 조직적으로나 개인적으로나 좀처럼 축적되지 않는다. 설령 축적되더라도 그 정보에 쉽게 접근해서 이용할 수 있는 체제를 갖춘 경우가 드물다. 그저 감추고 싶어하는 사람의 손안에 들어 있다가 서서히 없어지고 마는 것이 일반적이다.

실패 정보의 특성

① 감소한다.

② 단순화된다.

③ 왜곡화된다.

④ 신화화된다.

⑤ 국지화된다.
한 장소의 실패 정보는 다른 장소로 전파되지 않는다.

⑥ 조직에서 위로도 아래로도 전파되지 않는다.
한 장소의 실패 정보는 위로도 아래로도 전파되지 않는다.

⑦ 축적되지 않는다.
성공담은 축적되지만 실패 정보는 축적되지 않는다.

⑧ 전승되기 어렵다.
축적되지 않으면 전승되기도 어렵다.

그림 36 실패 정보의 특성 ⑤~⑧

31 | 실패학의 기초

객관적인 실패 정보는 도움이 안 된다

실패로부터 무언가를 배우려고 할 때 가장 중요한 것은 제3자의 객관적인 분석이 아니라 '당사자의 생생한 정보'다.

실패 정보가 다양한 형태로 변질되어가는 이유를 이해했을 것이라고 생각한다. 이같이 실제로 일어난 실패를 정확하게 전달하지 못하여 다음에 다시 실패에 직면했을 때 활용하지 못하는 것도 문제지만, 객관적인 실패 정보 역시 도움이 안 된다는 것도 지적해두고 싶다.

흔히 대형 사건이나 문제가 발생하면 기업이나 그 일을 수습하는 행정기관이 주도해서 태스크 포스팀을 결성한다. 제3자의 객관적인 관점에서 실패의 원인을 찾아내기 위해서다. 책임 소재를 분명히 한다는 점에서는 그런 객관적인 분석도 의미가 있다. 그러나 실패의 결과만 기록한 보고서로는 실패를 방지하기 위한 지혜를 배우고 새로운 창조를 위한 지식을 얻는 것이 불가능하다.

다른 실패로부터 무언가를 배우려고 할 때 가장 중요한 것은 '그때 실패한 당사자가 무엇을 생각하고 어떤 심리 상태였나?' 또는 '실패에 직면했을 때 어떤 행동을 취했나?'처럼 일인칭으로 말할 수 있는 생생한 정보다.

그러나 제3자의 손으로 작성된 보고서에 당사자의 육성이 반영되는 것은 거의 불가능하다. 더구나 표현되지 않은 실패 맥락(진짜 실패 원인)이 빠져 있다. 당사자의 증언 속에는 제3자로서는 엿보기 어려운 사실이 감춰져 있다. 그것을 잊어버려서는 안 된다.

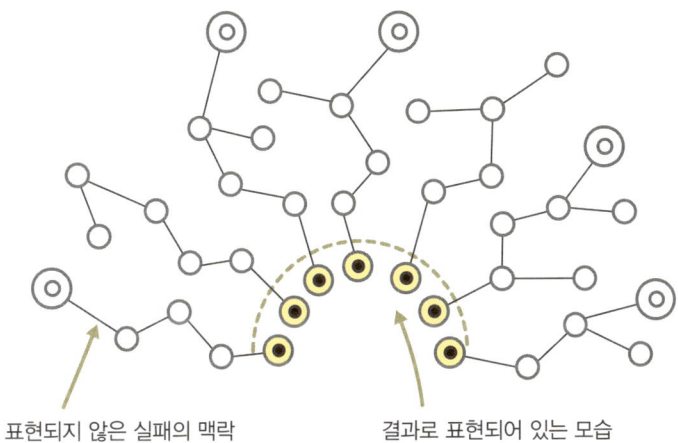

실패의 결과만으로는 아무것도 전달되지 않는다. 거기에 이르기까지의 맥락을 기술해야 비로소 전체의 모습이 전달된다.

그림 37　실패에 이르기까지의 맥락 전달의 필요성

32 실패학의 기초

실패 정보 기술에 필요한 6가지 항목

'현상', '경과', '원인', '대처', '총괄'을 차례로 기술하고, 그것을 기록해서 '지식화'하는 것으로 실패 정보를 올바르게 전달할 수 있다.

하나의 실패로부터 교훈을 얻으면 그것을 미래의 실패 방지로 연결시켜야 한다. 이를 위해서는 '현상', '경과', '원인(추정 원인)', '대처', '총괄'(경우에 따라서 '배경'도 적는다.)을 차례대로 기술해갈 필요가 있다. 이 차례는 인간이 어떤 문제를 이해할 때 어떤 순서로 머리에 체계적으로 정리해두는지, 평소 사고 패턴을 분석하는 습관에 따른 것이다.

우선 '현상'으로는 실패의 사실을 정확하게 기록한다. 다음으로는 실패 '경과'를 기술한다. 어떻게 실패가 전개되어 나갔는지, 포인트가 되는 부분을 최대한 자세히 써나간다. 그림을 더하면 더욱 좋다.

세 번째는 '원인'을 기술하는데, 중요한 것은 사실의 정확성이 아니라 그 시점에서 자신이 어떻게 느끼고 어떻게 생각했는지를 적으면 된다. '어쩌면 이럴지도 모른다'는 느낌으로 떠올린 '추정 원인'도 귀중하다. 그것이 힌트가 되어 나중에 의외의 진상이 밝혀진다거나 새로운 발견과 연결되는 경우가 있다.

그런 다음에는 실패에 직면해서 어떤 일을 했는지 '대처'를 기술하자. 경우에 따라서는 실패를 일으키기 이전부터의 대처를 기술하는 것도 필요하다.

마지막으로 그 실패가 어떤 내용인지를 '총괄'해서 적어두자. 이렇게 기술을 '기록'해두고 '지식화'하는 작업을 해두는 것만으로 실패 정보를 올바르게 전달할 수 있다.

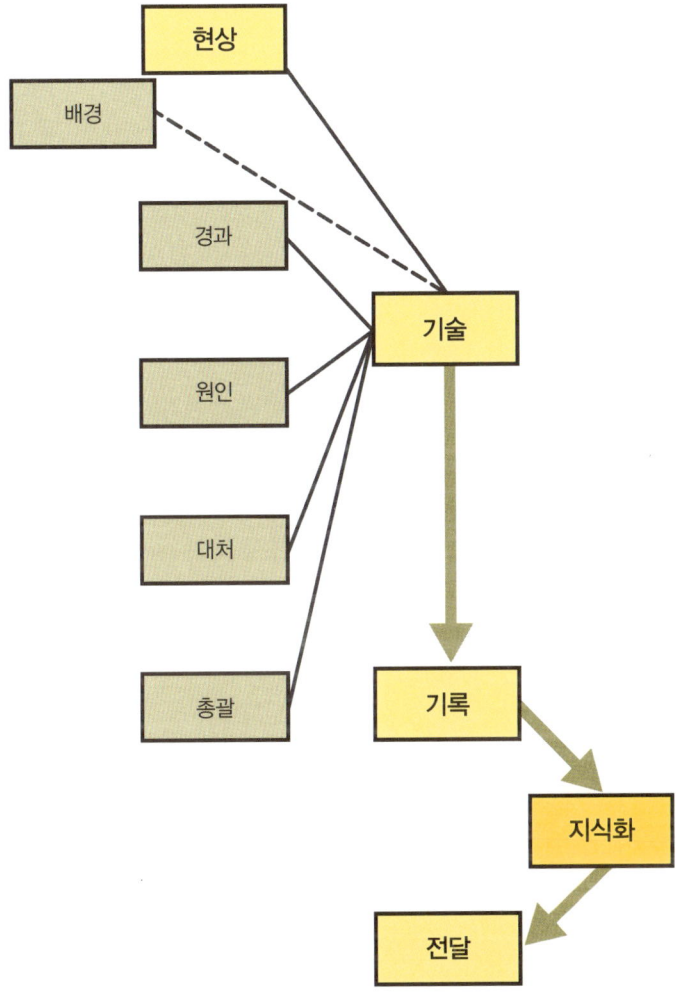

그림 38 실패 정보 전달에 필요한 흐름도

33 　실패학의 기초

실패 정보를 어떻게 전달할까

실패 정보를 전달하기 위해서는 '기술', '기록', '가상 연습', '체험', '교육', '분위기' 등의 모든 수단을 골고루 활용할 필요가 있다.

실패 정보의 전달이 '기술'과 '기록'으로 시작한다는 것은 앞서 밝혔는데 기록은 문자 정보에만 국한되는 것이 아니다. 입체적인 화상, 동영상, 음향, 진동과 같이 실감 나게 전달할 수 있는 것은 모두 효과가 있다.

또 '가상 연습'도 효과적인 방법이다. 제작된 비행기의 비행 시뮬레이션이 대표적인 사례다. 거의 실제 조정을 재현하고 때로는 실패도 경험해봄으로써 실제 실패에 대한 대처와 예방, 실패의 최소화를 기대할 수 있다. 더 나아가 '체험'도 중요하다. 일부러 자동차 운전 중에 급제동을 걸어, 이어서 발생하는 스핀을 체험함으로써 올바른 브레이크 조작법을 몸에 익히거나, 실제로 불을 붙여서 소화 활동을 하는 훈련을 해두면 비상시에 올바르게 대처할 수 있다.

그런데 뭐니 뭐니 해도 중요한 것은 '교육'이다. 실패 체험은 자칫 하면 은폐되거나 축소되고 단순화된다. 그것을 생각하면 실패 교육은 가능하다면 공개적인 장소에서 제3자가 보는 가운데 실시하는 것이 좋다. 그래야, 대처법을 하나씩 배우는 것이 아니라 대화와 토론을 해가면서 참가자 스스로 생각을 하며 익힐 수 있기 때문이다. 또 실패 당시 들은 말이나 습관처럼 현장의 '분위기'를 잊어서는 안 된다. 이런 의미에서, 대지진과 쓰나미에 원자력발전소의 방사능이 유출되어 피해가 확대되었던 동일본 대지진과 같은 기억은 세대를 초월해서 구전으로 전승되어야 할 필요가 있다.

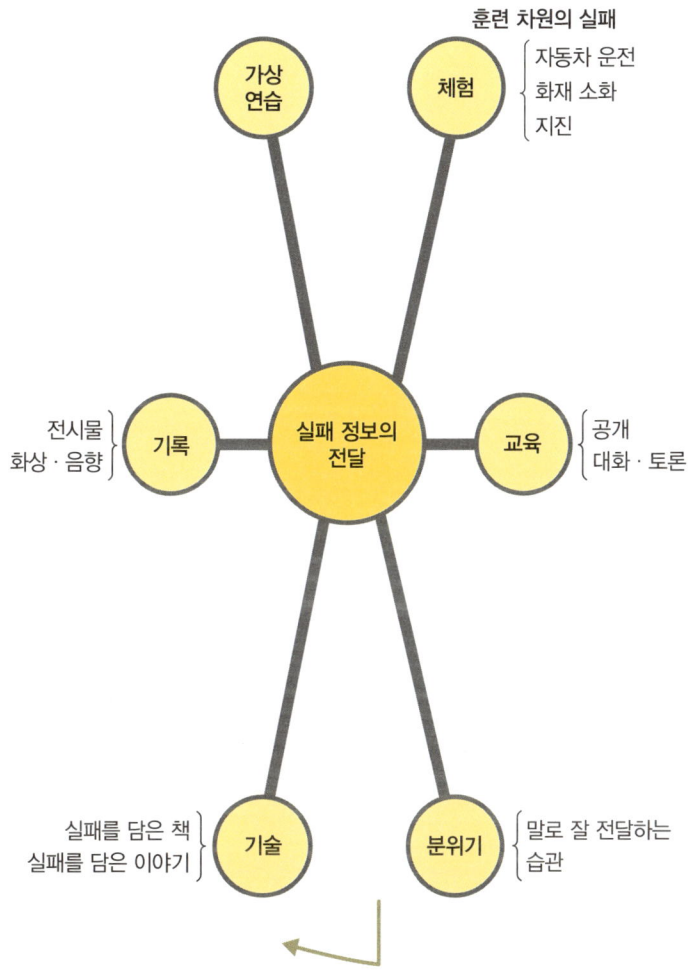

그림 39 실패 정보 전달의 방법

중대 사고에서 배운다 ①
미국 타코마 대교의 붕괴

다리 붕괴 사고를 계기로 그간 알려지지 않았던 자체 진동이 판명. 이를 통해 기록의 중요성이 다시 인식될 수 있었다.

[현상] 1940년 미국 워싱턴 주 타코마에 현수교가 새로 설치되었다. 그런데 불과 4개월 후 초속 19 m의 강풍이 불어닥쳐서 다리가 붕괴되고 말았다.

[경과] 현수교는 당시 가장 앞서 있다는 평가를 받은 다리 설계 방식이었지만, 완성 직후 강하게 불어닥친 바람 앞에서는 힘을 쓰지 못한다는 점이 밝혀졌다. 이를 계기로 보강 방법이 열띠게 논의되기 시작하였다. 그러다 같은 해 11월 7일, 워싱턴대 파커슨 교수팀이 다리를 촬영하고 있을 때 다리가 크게 흔들렸고 결국 붕괴되어 바다로 무너져 내리고 말았다.

[원인] 파괴 원인은 옆에서 불어오는 바람에 의해 현수교가 자체 진동했기 때문이었는데 그 원리는 풀리지 않는 미제로 남아 있었다. 사고 후 풍동 실험(wind tunnel test)으로 다리 상판의 강성이 부족해 휘어버렸다는 점, 또 다리 상판이 공기역학적으로 불안정했다는 점이 밝혀졌다.

[대처] 사고조사위원회가 구성되어 사고 발생 후 4개월여 만에 보고서가 정리되었다.

[총괄] 파커슨 교수가 촬영했던 영상, 그 후 풍동 실험 분석에 의해 현수교가 자체 진동하는 메커니즘과 다리 상판의 강성을 강화할 필요성이 확인되었고 그 교훈에서 얻은 방식은 지금도 현수교 설계의 지침이 되고 있다.

[지식화] 자체 진동하는 것을 고려하지 않으면 다리가 붕괴될 수 있다는 것을 알게 되었다. 또 실패의 교훈을 살리는 것의 소중함과 기록의 중요성이 인식되는 계기가 되었다.

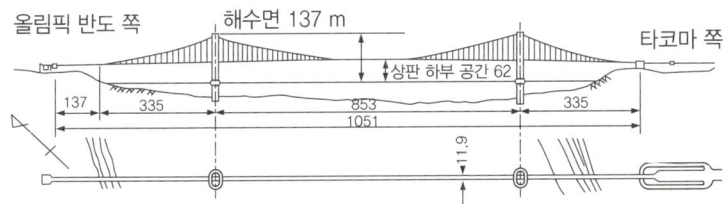

그림 40 타코마 대교의 구조 개요

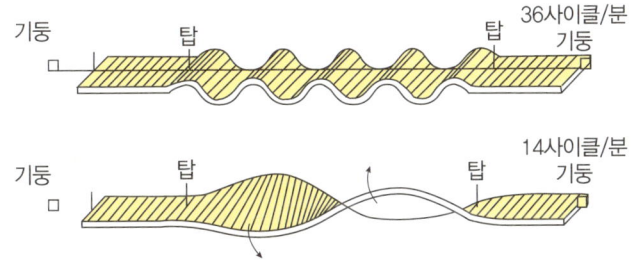

그림 41 타코마 대교의 진동 상황

사진 1 타코마 대교의 붕괴 모습

사진 제공: AP/아프로

중대 사고에서 배운다 ②
리버티선의 침몰

배들의 파손······. 사건 규명을 위해 진행했던 연구가 그 후 전 세계 용접 기술에 큰 기여를 하였다.

[현상] 미국에서 제2차 세계 대전 중에 리버티선(당시로서는 획기적인 블록 공법과 용접 기술을 이용해 만든 약 1만 톤 규모의 수송선)을 약 4700척 건조하였다. 그런데 취항 직후 1942년부터 1946년에 걸쳐 약 1200척이 선체 파손 사고를 일으켰고 이 가운데 230척은 침몰되거나 사용 불가능하게 되었다.

[경과] 사고는 북대서양에서 동절기에 자주 발생했는데 심한 것은 선체가 앞뒤로 두 동강이 나는 경우도 있었다.

[원인] 용접으로 동판을 접합시켰기 때문에 종전의 리벳(나사) 접속 방식과 달리 균열이 진행되고 있어도 막을 수 없었다. 물리적인 원인으로는 용접 잔류 응력, 용접 결함, 저온 취약성을 들 수 있었는데 특히 저온 취약성이 주요 원인으로 지목되었다.

[대처] 미국에서는 대규모 조사연구가 진행되어, 설계상 문제와 공사 시 부적절한 처리로 발생하는 강재 절단의 결함과 용접 부위의 온도 적응이 보다 중요한 문제임이 밝혀졌다. 이를 계기로 관련 연구와 실험이 광범위하게 진행되기 시작하였다.

[총괄] 이 사건의 원인을 규명하기 위해 많은 연구가 진행된 결과, 용접 기술이 전 세계적으로 크게 발전하였다.

[지식화] 리버티선은 용접 부분의 저온 대응 취약성과 강재의 절단 불량으로 파괴되었고, 원인을 철저하게 조사한 결과 이런 현상의 원인이 물리적으로 밝혀졌다.

제2차 세계 대전 중 미국

 리버티선 건조 × 4700척

 이 중 선체 파손 × 1200척

 이 중 침몰·사용 불능 × 230척

 원인은 용접 부분의 취약성

취약성을 고려한 새로운 규격이 제정되었다.

그림 42　당시 미국의 리버티선 파손 상황

사진 2　항행하는 리버티선

사진 제공: AP/아프로

중대 사고에서 배운다 ③
코멧 기체의 공중 폭발

당시 가지고 있던 지식 범위에서 품질 확인 시험을 한 결과, 기체의 수명을 10배 이상으로 잘못 계산하였고 그 바람에 두 대가 추락, 시장을 빼앗기고 말았다.

[현상] 1952년 화려하게 취항했던 세계 최초의 제트 여객기 '드 하빌랜드 코멧'이었지만 1954년부터 잇달아 공중 폭발을 일으키며 추락했다.

[경과] 1942년 영국 정부는 세계 대전 이후 항공기 산업계의 생존에 대비해, 여객기 개발계획에 착수하여 코멧을 완선하고 1953년부터 수주에 나서 47대를 주문받았다. 그런데 1954년 1월과 4월에 잇달아 추락 사태가 발생해 코멧은 전면적으로 비행금지 조치가 내려지고 진상조사가 시작되었다.

[원인] 공중 폭발은, 금속 피로에서 비롯된 창문 부분의 균열이 원인이었다. 드 하빌랜드사에서는 피로 실험을 했지만 수명을 10배 이상으로 잘못 계산했던 것으로 나타났다.

[대처] 실제 기체를 사용한 피로 시험 개선, 기체 구조의 강화, 기체 재료의 강화를 추진하였다.

[총괄] 코멧은 고공에서 나타나는 압력차에 의해 금속 피로가 발생해서 추락하였다. 추락 원인 조사에 따라 기체의 피로 수명이 실제로는 매우 짧은 것으로 밝혀졌다. 그러나 운행 재개까지 4년의 세월이 필요했고 그사이 제트 여객기 시장은 보잉에 빼앗기고 말았다.

[지식화] 품질 확인 시험은 실제 상황에 가까운 환경에서 실물에 가까운 제품으로 해야 한다는 교훈을 얻었다.

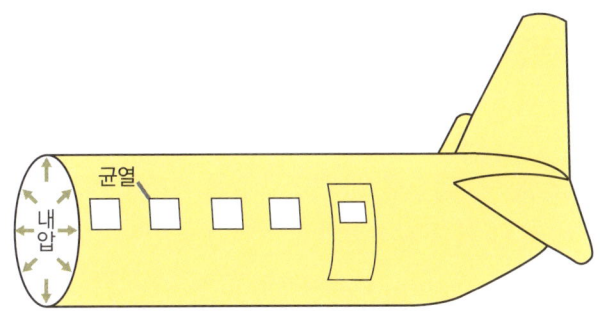

그림 43 기체에 발생한 균열

사진 3 1950년 3월에 촬영된 코멧기

사진 제공: Topfot/아프로

실패학이 전하는 제안 ①
'잠재적 실패'를 평가손실로 처리하자

'실패 대책을 세우지 않으면 손해다.', '실패 대책만 세워도 회사의 평판이 좋아진다.'와 같은 긍정적인 인식이 필요하다.

잠재적인 실패나 사고가 발생하는 가능성이 커지고 있는데도 그런 변화를 감지하지 못하고 실패의 징후가 나타나도 무시한 결과, 사고로 연결되는 사례는 수도 없이 많다. 그런데 그 대다수가 눈앞의 이익에 급급한 결과라고 볼 수 있다.

많은 회사들이 원래는 반드시 몇 차례 해야 하는 점검의 횟수를 줄여서 생산 시스템을 풀가동하거나, 작업의 매뉴얼화로 작업자의 선택지를 좁혀서 생산 효율을 올리거나, 비정규직 사원을 늘려서 인건비를 크게 줄이는 방식으로 조금이라도 많은 이익을 올리려고 한다. '실패를 없애기 위한 안전 관리는 경비를 늘릴 뿐이라면서 가급적 하지 않고 끝내자'는 경우도 있다.

그러나 한 번의 치명적인 실패가 일어나면 막대한 피해가 발생하여 기업의 존재 자체가 위태롭게 된다. 그것을 막기 위해서는 눈에 보이지 않는 실패를 눈으로 확인할 수 있게 하는 시스템이 필요하다.

예컨대 대차대조표의 부채 항목에 '잠재적 실패' 항목을 추가하는 것이다. 예를 들어 실패가 발생했을 때 손해의 정도를 예측하여 그 총액에 실패의 발생률을 곱해 손실로 표시해놓는 식이다. 무엇보다 기업의 최고경영자가 '실패 대책을 세우지 않으면 손해다.'라는 생각을 갖는 것이 관건이다. 또 '실패 대책만 세워도 회사의 평판이 좋아진다.'라는 긍정적인 발상도 필요하다.

기업의 큰 목적은 이익을 올리는 것

- 인건비를 줄인다.
- 안전관리비를 줄인다.
- 실패를 은폐한다.

　↑ 이런 것들을 하게 되면 나타나는 현상

- 단기적으로는 이익이 오른다.

- 장기적으로는 대형 손해를 보는 실패 가능성이 커진다.
- 대다수 소비자 및 사회의 안전성이 손상된다.

그래서

제안　대차대조표의 부채 항목에 '잠재적 실패'를 추가해보자.

　↑
- 경제 원리에 따라 실패 대책을 세우지 않으면 손실이 발생한다.
- 실패를 살리면 시가 평가가 상승한다.

그림 44 '잠재적 실패'를 대차대조표에 포함해야 하는 이유

실패학이 전하는 제안 ②
실패를 대하는 미국의 자세를 배우자

'개인의 책임 추궁보다 실패의 원인 규명을 우선시해야 한다.'라는 사고방식으로 법을 정비할 필요가 있다.

이 책에서 주장하는 실패의 교훈을 살리는 긍정적인 문화를 만들기 위해서는 이를 구현하기 위한 사회 제도가 반드시 마련되어야 하는데, 이와 관련해서는 미국에서 배울 점이 많다.[6]

예컨대 미국에서는 면책을 조건으로 실패의 진짜 원인을 밝혀내는 '사법거래제도'[7]를 마련해놓고 있다. 이 제도는 실패, 다시 말해서 범죄에 연루된 당사자에게 면책 보증을 제공하는 대신에 진상을 밝히게 하는 시스템이다.

원래 실패를 효율적으로 활용하기 위해서는 정확한 실패 정보를 공유하는 것이 기본 전제가 되는데, 처벌을 받게 되는 상황에서는 당사자로부터 정직한 얘기를 듣기가 어렵다. 그래서 책임을 묻지 않는(또는 죄를 덜어주는) 조건으로 진상을 말하게 한다. 더 나아가 내부고발을 한 사람을 보호하는 법률도 마련되어 있다.

또 미국에서는 의도한 실패나, 알고 있는데도 불구하고 대책을 세우지 않은 '미필적 고의'에 의한 실패에 대해서는 엄중하게 중벌을 가하고 있다(징벌적 손해배상제도[8]).

어느 쪽이든 '개인의 책임 추궁보다 실패의 원인 규명을 우선시한다. 이렇게 하는 것이 공공의 이익에 부합한다.'라고 하는 사고방식에 따른 것인데 이는 모두가 보고 배워야 할 점이다.

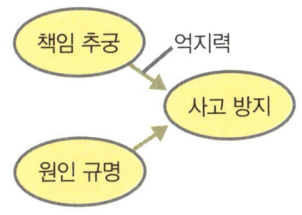
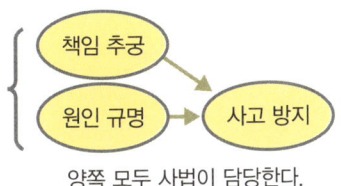

(a) 형법학자의 주장
당사자의 책임을 추궁하는 것이 사고 방지의 억지력이 된다고 주장한다.

(b) 대다수 국민이 갖고 있는 오해
책임 추궁도 원인 규명도 사법이 담당하면 그것이 사고 방지로 이어진다고 생각하고 있다.

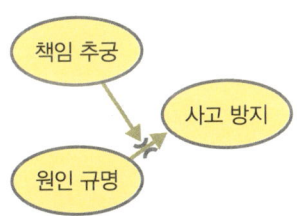
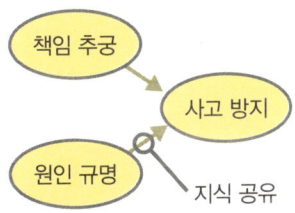

(c) 일본의 경우
법정에서 오직 책임 추궁으로 일관해서 원인 규명은 불충해진다.

(d) 바람직한 모습
원인을 규명하고 나서 지식을 공유함으로써 사고 방지로 연결시켜, 필요한 경우에만 책임을 추궁한다.

그림 45 책임 추궁과 원인 규명의 관계

실패학이 전하는 제안 ③
현장 상태 보존의 중요성

사고 잔해 등을 현장 상태 그대로 보존해야 '사회의 공유재산'이 된다. 그것이 같은 실패를 반복하지 않는 첫걸음이다.

실패를 교훈으로 살리는 방법의 하나가 '현장 상태 보존'이다. 즉, 사고 잔해를 그대로 두거나 유지하는 것이다. 예컨대 대형 사고를 일으킨 경우 대다수 기업은 나쁜 이미지를 신속하게 불식시키겠다는 생각으로 사고 잔재를 흔적도 없이 처분한다. 그러나 이렇게 해서는 사고의 교훈을 후세에 전달할 수 없다. 그래서 나는 현장에서 직접 만지거나 움직여볼 수 있도록 해서 후세에게 어떤 일이 일어났는지를 실감시켜 사고의 재발 방지와 연결시켜야 한다고 주장해왔다.

사고를 개인의 기억에 남겨두는 것이 아니라 '사회의 공유재산'으로 확실히 기록시켜서 그 정보를 필요한 사람이 필요할 때 사용할 수 있도록 하는 것이야말로 같은 실패를 반복하지 않는 첫걸음이라고 생각하기 때문이다.

일본의 경우, 롯폰기힐스에서 발생했던 대형 회전문 사고 후 모리빌딩과 회전문 판매회사(산와타지마)는 공동으로 사고를 일으킨 회전문을 사이타마 현에 있는 산와타지마의 회사 시설 내부에 그대로 옮겨놓았다. 또 일본항공(JAL)은 오스다카 산에 추락[9]한 123편의 잔해를 하네다 공항 정비지구에 있는 '안전계발센터'에 옮겨두었다. 나는 이런 조치가 더욱 활성화되기를 절실히 바란다.

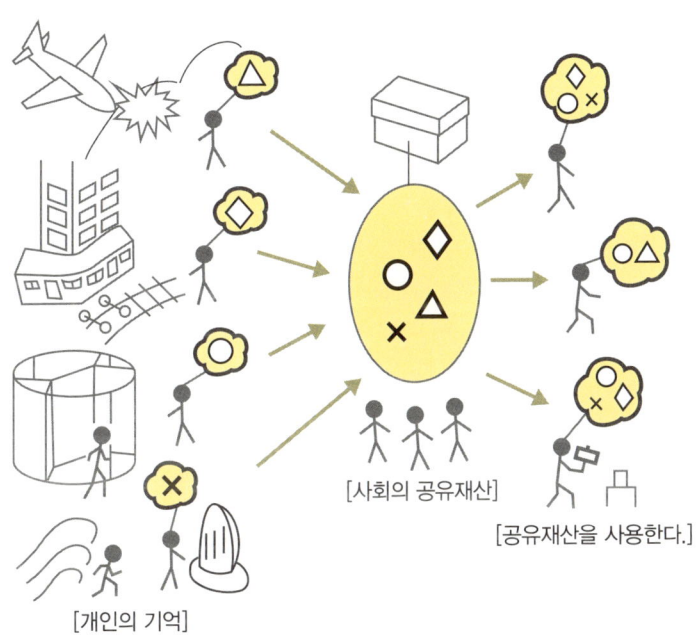

그림 46 발생한 대형 사고를 사회의 공유재산으로 만들자.

[실패학 실천록 ②]

사고 이후 존폐의 기로에서
기사회생한 마에다 건설

일본의 마에다 건설공업은 오늘날 댐 건설 등으로 실적을 자랑하는 준대형 종합건설사가 되었지만 1970년대에는 연이은 사망 사고로 존폐의 위기에 직면했던 적이 있었다. 1978년 야마가타 현 터널 공사 현장에서 가스가 폭발해 직원 9명이 사망하였고, 이듬해에는 신칸센 오시미즈 터널 굴삭 현장에서 화재가 발생해 16명이 사망했다. 터널 관통 작업에서 굴삭에 사용했던 점보드릴을 강제로 해체하던 중, 가스 용접의 불꽃이 옮겨붙어 대형 화재가 발생했던 것이다. 또 다른 공사에서도 문제가 잇따라 발생하면서 '좋은 결과를 내놓아 고객의 신뢰를 얻자.'라는 회사의 모토가 크게 흔들렸다.

그러자 회사는 본격적인 혁신에 나섰다. 그때까지 경험과 감, 그리고 담력을 앞세워 일했던 현장을 대상으로, 사고가 더 이상 발생하지 않는데도 '위험하다.'라고 느낄 때까지 원인을 규명해서 사고 요인을 찾아냈다. 또 오시미즈 터널 사고를 재현한 안전 교육용 비디오를 제작하고 경리와 인사·영업 등에도 개혁을 진행해서 안전 관리를 철저하게 했다. 이 같은 사고방식은 회사의 사장 마에다 마타베에[前田又兵衛]가 평소 입버릇처럼 주장해오던 위기관리 방식이었다. 그는 "같은 가치관과 정보를 공유해서 누구나 자기 책임으로 자신의 인생을 이끌어가는 인재를 육성하는 것이 최고경영자의 책임"이라고 말했다고 한다.

Step

3

[실패에서 창조로]

실패를 창조로 바꾸는 사람이 되라

'창조'를 낳는 사람의 사고와
논리적 사고는 다르다

창조에 논리적인 사고가 필요하다는 얘기에는 커다란 오류가 있다. 실제로 인간이 창조적 사고를 하고 있을 때 논리적 사고 프로세스에 도달하는 경우는 드물다.

흔히 창조 행위에 '논리적 사고'가 없어서는 안 된다고 말한다. 이 논리적 사고는 앞 장에서 밝힌 '나뭇가지 구조로 된 사고체계', '앞뒤 말이 통하는 사고'로 바꿔 말할 수 있는데 나는 이런 생각이 그다지 정확하지 않다고 생각한다.

확실히 상대에게 자신의 생각을 이야기할 때는 기승전결을 갖춘 설명, 앞뒤 말이 맞는 설명으로 할 때 상대를 이해시키기 쉽다.

그림 47(b)와 같이 순서를 좇아서 설명하면 알아듣기 쉽고 많은 사람에게 정확하게 전달할 수 있다.

그렇다고 해서 창조적인 사고를 할 때도 논리적 프로세스가 필요하다는 것은 커다란 착각이다. 그 증거는 인간은 실제로 창조적 사고를 하고 있을 때 논리적인 사고 프로세스를 밟지 않는 경우가 많다는 점이다.

그림 47(a)와 같이, "우선 테마가 있고, 달성 목표를 떠올린 다음 이것을 보강하기 위한 논리를 세운다."와 같은 프로세스를 밟는 경우가 훨씬 일반적이다.

이런 구조를 이해하지 않고 '실패에서 새로운 창조를 내놓으려면 논리적인 사고가 반드시 있어야 한다.'라고 오해해서는 진정한 창조력을 체득할 수 없다.

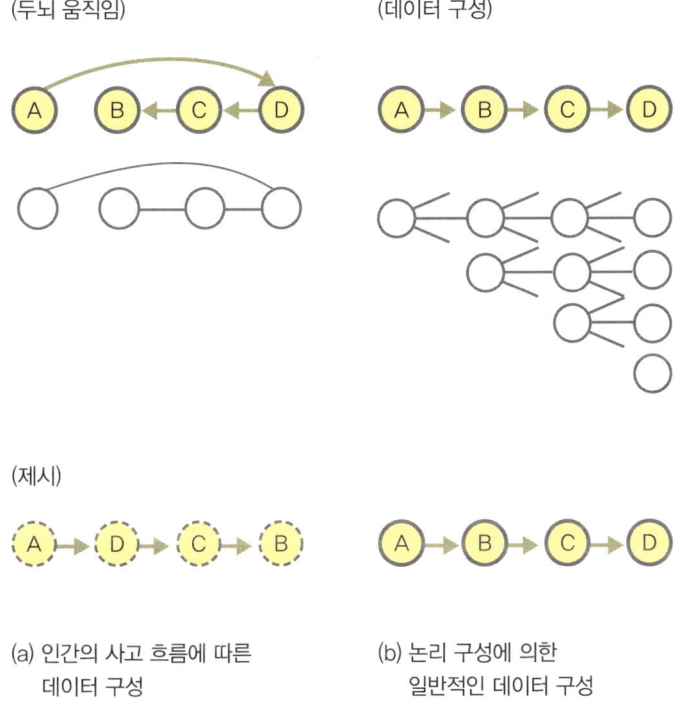

그림 47 　인간의 사고 순서에 따른 데이터 구성과 제시

사람이 창조할 때 머릿속에서는 어떤 일이 일어날까

생각주머니에 떨어지는 무수히 많은 아이디어를 연결시켜 맥락을 갖게 하는 작업이야말로 창조적 사고라고 할 수 있다.

인간이 창조적 사고를 하고 있을 때 머릿속에서는 어떤 일이 일어나고 있을까?

원래 인간은 아무것도 없는 무(無)의 상태에서는 생각하는 것이 불가능하다. 생각할 때에는 반드시 '아이디어의 씨앗'이 필요한데 그 아이디어의 씨앗이 되는 원천은 실로 다양하다.

학교에서 배운 지식도 있지만 본능적인 감으로 떠오른 생각, 또는 실패 체험처럼 경험으로 배운 것도 있다. 그런 씨앗이 생활 방식이나 호불호 같은 개인적인 필터를 통해서 생각주머니에 떨어지는 데서부터 사고 활동이 시작된다. 그때 아이디어의 씨앗은 순간적이면서 동시에 아무런 연결성 없이 우수수 쏟아지는데 그것을 '고립분산(孤立分散) 가설'이라고 부르기로 하자[그림 48(b)].

그런데 이 단계에서는 아이디어의 씨앗이 완전히 고립되어 있어서 서로 연결돼 있는 부분이 전혀 없다. 그 아이디어의 씨앗과 씨앗을 연결시켜 맥락을 갖게 하는 작업이 창조적 사고 중에서도 가장 중요한 부분이 된다.

씨앗과 씨앗을 연결시키는 작업은 간단하지 않다. 대부분의 경우 서로 연결되지 않아서 몇 번씩 연결을 반복적으로 시도할 필요가 있다. 그래서 시행착오가 거듭된 끝에 이윽고 생각주머니에 사고 테마(과제, 왼쪽 끝 ◎)와 거기서부터 도출된 답(결론, 오른쪽 끝 ⦿)이 모습을 드러낸다.

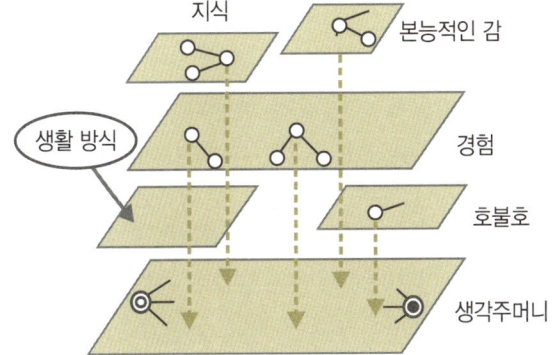

(a) 다양한 출처에서 떠오른 아이디어와 생각주머니의 입체도

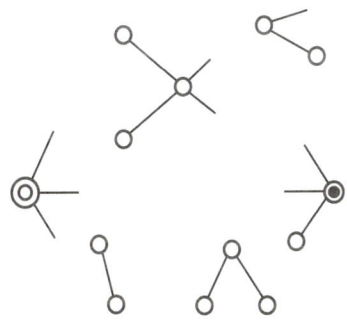

(b) 생각주머니에 투영된 고립분산 가설

그림 48 사고의 첫 단계에서 일어나는 머릿속 프로세스

아이디어 단서에 맥락을 붙여 가설을 입증한다

가설 입증 과정에서 실패는 끝없이 반복된다. 실패를 반복하는 과정에서 뭔가 맥락을 끄집어내서 목표에 도달할 수 있다.

아이디어의 씨앗과 씨앗을 연결시켜가는 방법(즉, 맥락을 찾아내는 방법)은 사람마다 다르며, 또 그 연결하는 방법은 무한대라고 할 만큼 다양하다. 그러나 어느 경우라고 해도 씨앗이 될 만한 것을 끄집어내는 작업부터 시작해야 한다. 먼저 무리한 것과 쓸데없는 것을 제외한 다음, 뭐든지 좋으니까 연결해서 하나의 뚜렷한 맥락을 찾아야 한다(그림 49).

그래도 잘 안될 때(실패했을 때)는 깨끗하게 포기하고 다음 시도에 나서야 한다.

이런 시행착오를 거치는 것을 실패학에서는 '가설 입증'이라고 부르는데, '창조에는 실패가 붙어 다닐 수밖에 없다.'라는 말처럼 실패가 반복되는 것은 당연한 일이며, 그 과정은 부족한 부분이나 모순과 쓸데없는 부분을 제거하는 과정으로 보면 된다. 그러다 보면 소기의 목표에 도달하게 된다(그림 50).

덧붙여 말하면, 창조력이 뛰어난 사람 가운데는 '사고의 독특한 길'이라고 할 수 있는 것을 갖고 있는 사람이 있다. 동물은 많은 체험을 쌓는 사이에 안전하고 편리하게 사용할 수 있는 자신만이 아는 통로를 찾아내는데, 이와 유사하게 문제 해결에 필요한 자신만의 노하우(사고방식)를 갖고 있는 사람은 실패 횟수가 많지 않고 답에도 빠르게 이른다. 결국 그런 달인이 되려면 보다 많은 체험을 쌓을 필요가 있다는 것은 더 말할 필요도 없다.

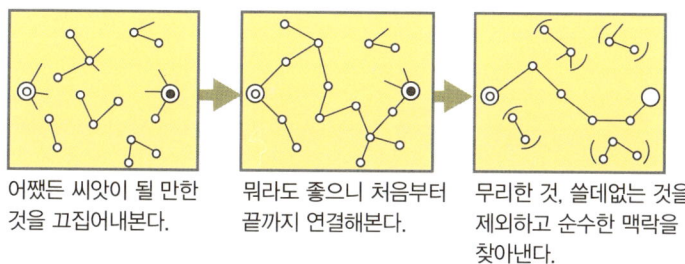

그림 49 사고 설계의 단계에서 머릿속에 일어나는 과정(맥락을 찾아낸다.)

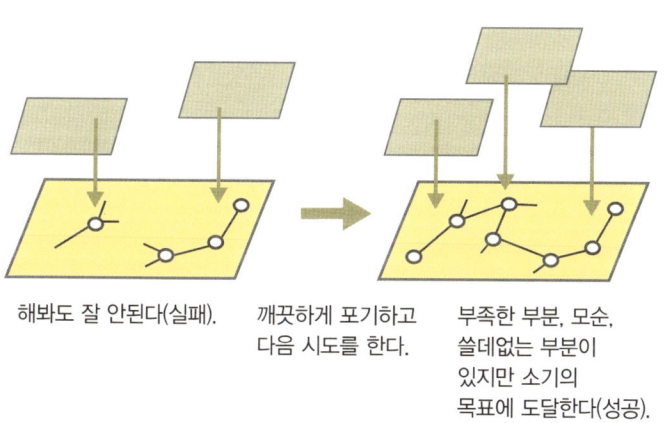

그림 50 가설 입증을 통한 결정 과정

가상 연습으로 아이디어를 다듬자

가상 연습으로, 상정한 실패에 맞서 몇 번이고 검토해서 문제점을 극복하는 것이야말로 진정한 강함을 발휘하는 원동력이 된다.

앞서 아이디어의 씨앗과 씨앗을 연결시켜서 맥락을 만들어주는 작업이 중요하다고 밝혔는데 그때 없어서는 안 되는 과정이 '가상 연습'이다. 이것은 상정되는 온갖 상태를 고려해서 시뮬레이션을 해보고 아이디어의 씨앗을 연결해서 도출해낸 것이 정말 그대로 좋은지를 몇 번씩 검토하는 작업이다.

상품 기획을 예로 들어보자. 우선 맥락이 연결되는 시점에서 가격을 얼마로 정하면 팔릴지, 디자인은 이걸로 하면 좋을지, 만약 팔리지 않는다면 어떻게 바꿀지, 주위의 상황이 바뀌면 어떻게 대응할지 등 다양한 문제를 상정하면서 무리한 부분이나 쓸데없는 곳을 제거하는 손질을 해나가는 절차를 거치게 된다.

여기서 중요한 것은 상정되는 실패와 얼마나 정면 승부를 할 것인가이다. 인간은 본질적으로 자신이 고생해서 만든 것에 대해 좋은 점만 보려고 하는 습성이 있다. 그렇다면 결과가 마이너스가 될 것이라는 가정을 과소평가하기 쉽다. 함정은 바로 거기에 있다. 전체 판단이 느슨해져서 실제로 실행할 때 '앗뿔사' 하는 경우가 얼마나 많은가!

그런 실패를 방지하기 위해서는 주위 사람들로부터 의견을 들어야 한다. 주위의 비판에 휘둘리면 아무래도 기분이 좋지 않다. 그러나 보다 많은 사람의 비판을 수용한 가상 연습을 통해 문제를 푸는 방법이 개선되고 걸림돌을 극복할 수 있다. 그래야 진정으로 강한 힘을 발휘할 수 있게 된다.

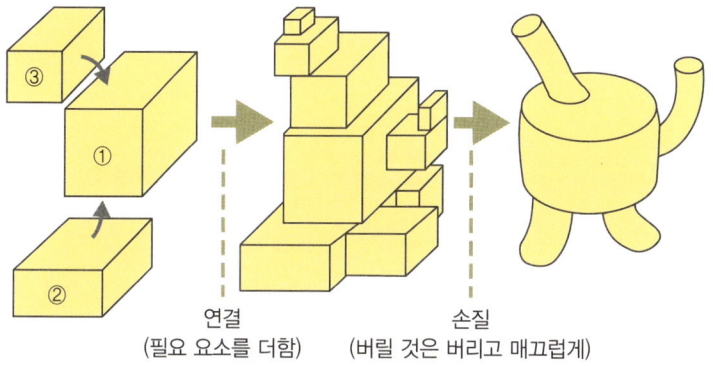

그림 51 아이디어 손질 과정

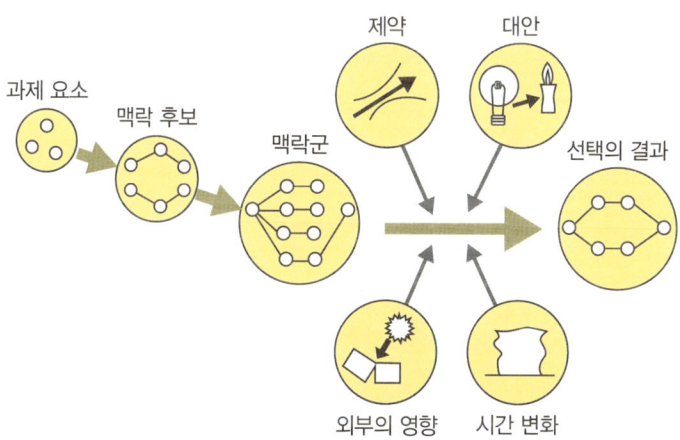

그림 52 가상 연습

44 ▶ 실패에서 창조로

완성도 높은 시나리오를 여러 개 갖고 있으면 실패를 예방할 수 있다

세상에서 일어나고 있는 많은 일들은 언뜻 보면 따로 떨어져 있는 것처럼 보이지만 사실은 공통분모를 가진 시나리오대로 움직이는 경우가 많다.

앞서 소개한 '가상 연습'은 어떤 의미에서는 완성도 높은 시나리오를 쓰는 작업이라고 말할 수 있다. 그런 시나리오를 머릿속에 넣어두면 다양한 상황에서 쓸모가 있을 수 있다. 왜냐하면 세상에서 일어나는 많은 일들은 언뜻 보기에는 따로 떨어져 있는 것처럼 보이지만 사실은 공통분모를 갖고 있는 시나리오대로 움직이는 경우가 많기 때문이다. 게다가 질 높은 시나리오를 여러 개 균형 좋게 갖고 있는 것도 필요하다. 실패를 미연에 방지하거나 피해를 최소로 줄인다는 의미에서 큰 도움이 되기 때문이다.

예컨대 2001년 BSE(쇠고기광우병) 소동이 일어났을 때 일본 농림수산성의 대응은 뒷북의 연속이어서 일본 전체가 불안의 도가니에 휩싸인 적이 있었다. 그런데 그 이전에도 일본에는 비소 우유 중독 사건(1955년), 식용유 증후군 사건(1968년), 약제 에이즈 사건(1980년), 오염 약제 야코브 사건(1996년) 등 유사한 사건이 일어났었다.

이 같은 과거의 실패 사례가 전개되는 양상이 농림수산성 공무원의 머릿속에 들어가 있었다면 사태에 보다 빠르고 적절하게 대처하여 그런 난리를 피우지 않고 온 나라를 불안 속에 몰아넣는 소동도 일어나지 않았을 것이다. 즉, 완성도 높은 시나리오를 여러 개 준비해놓고 있으면 여차하는 순간에 큰 도움이 된다는 점을 기억했으면 좋겠다.

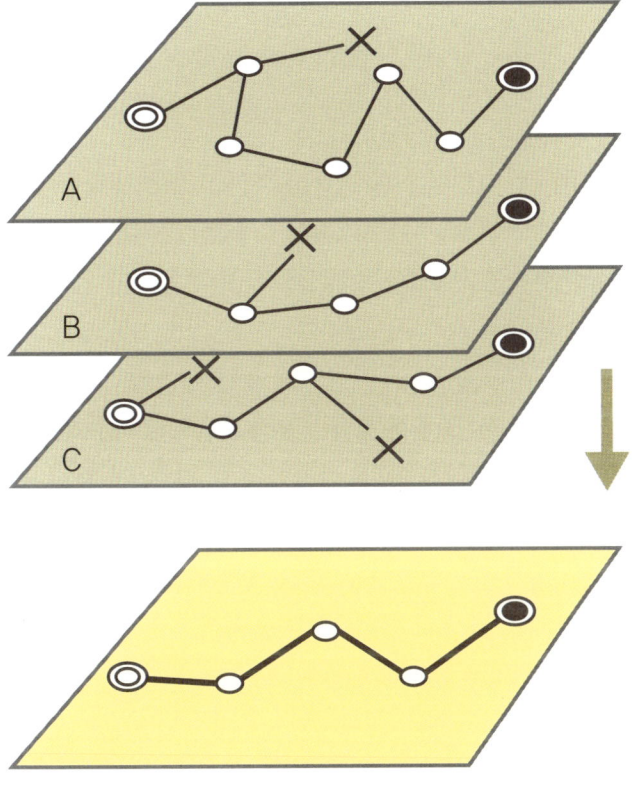

그림 53 공통분모를 갖고 있는 시나리오를 찾아둔다.

생각 노트를 기록하자 ①
첫 장과 두 번째 장

스스로 창조력이나 발상력을 키우려면 '생각 노트'를 만들어서 아이디어가 떠오를 때마다 적어두자.

창조력과 발상력을 높이기 위해 내가 평소 하고 있는 방법을 소개하겠다. 그것은 '떠오르는 생각을 적어두는 노트'를 활용하는 것이다. 일반 노트도 좋고 A4 종이를 바인더로 묶은 종이 뭉치도 괜찮다. 거기에 그때그때 떠오르는 아이디어를 계속 적어두는 것이다. 무엇을 적는가는 전적으로 본인의 자유다. 일에 관련된 것도 좋고 개인 생활에 관한 단상도 좋다.

  우선 첫 번째 장에는 오른쪽 상단 부분에 그날의 날짜를 적고 머리에 떠오른 아이디어의 씨앗을 무작위로 좋으니까 그대로 적어두자. 그때 왜 이런 생각이 떠올랐는지에 대해 동기와 배경을 메모해두자. 더 나아가 생각의 알맹이를 기입해두자. 그때의 포인트가 무엇이었는지 나중에 봤을 때 정확하게 떠올릴 수 있도록 하기 위해서다. 솔직하게 알기 쉽게 적고 반드시 타이틀이나 표제까지 붙여놓자. 이같이 제목을 붙이는 작업을 하면 그때까지 제각각 흩어져 있던 개념을 포괄하는 상위의 개념을 도출해낼 수 있다.

  이어서 두 번째 장에서는 앞서 소개했던 창조적 사고 도출하기와 같은 방법으로 창조의 씨앗 사이에서 맥락을 연결해나간다. 그렇게 하면 엉성하긴 하지만 자신이 하려고 하는 것의 대략적인 방향성이 보이기 시작한다. 이를 토대로 구체적인 과제와 문제점, 목적 달성에 필요한 지식과 도움이 한눈에 보이게 된다.

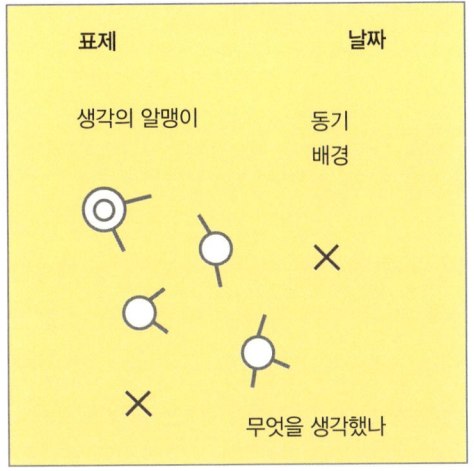

(a) 제각각 흩어져 있던 생각을 일단 종이에 적어본다.

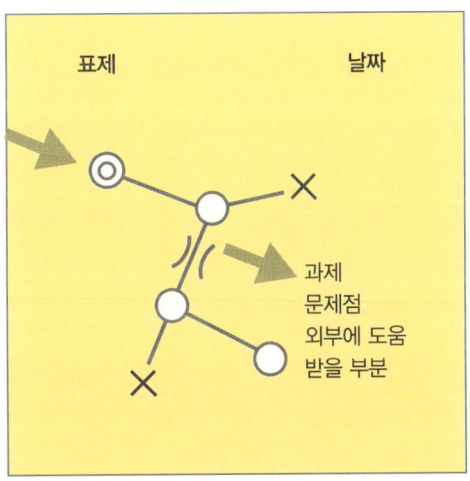

(b) 맥락을 살린다.

그림 54 생각 노트를 적는 방법, 첫 번째 장과 두 번째 장

생각 노트를 기록하자 ②
세 번째 장과 네 번째 장

생각 노트를 기록한다는 것은 창조의 씨앗을 저장해두는 것뿐만 아니라 창조적 사고를 위한 훈련이 된다.

이제 세 번째 장은 구체화를 염두에 두고 개별 문제 해결에 나서는 단계다. 이곳이야말로 계획, 기획, 설계 등 이른바 창조적이라고 불리는 일을 하는 단계다.

최종 단계인 네 번째 장은 가상 연습, 사고 연산과 같은 절차를 통해 정교화하는 단계다. 예컨대 테마가 사업이라면 개발한 제품을 어디에 팔지, 어떻게 소비자에게 제공할지, 특허는 어떻게 낼지, 사업화를 위한 파트너는 어떻게 찾을지를 생각해야 한다.

다만 이 단계에서 주의할 것은 생각할 때의 자세가 긍정적이고 적극적이어야 한다는 점이다.

흔히 '이런 건 이미 누군가 기획했을 거야.'라거나 '벌써 어디선가 상품화하고 있을 거야.'라고 생각해서 일을 해보기도 전에 스스로 가능성을 뭉개버리는 사람이 적지 않은데 그래서는 결코 창조적이 될 수 없다. 설령 누군가가 시작하고 있다고 해도 창조의 씨앗을 저장하는 작업을 해나가는 데는 전혀 관계가 없다. 생각 노트를 기록하는 것은 창조의 씨앗을 저장하는 것뿐만 아니라 창조적 사고를 훈련하는 과정임을 잊어서는 안 된다. 자신이 먼저 부정적인 제약조건을 붙일 것이 아니라, 자유로운 발상으로 도전해나가기 위한 수단임을 잊지 말자.

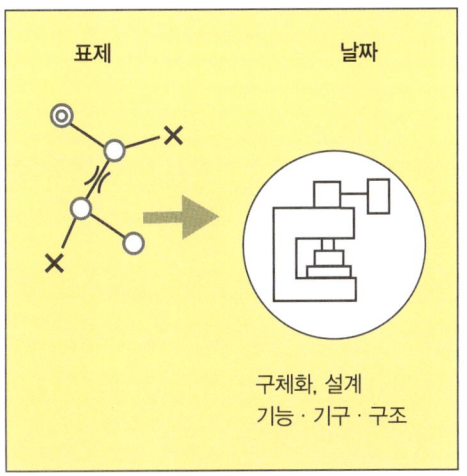

(c) 구체화를 생각하고 개별적인 문제를 해결한다.

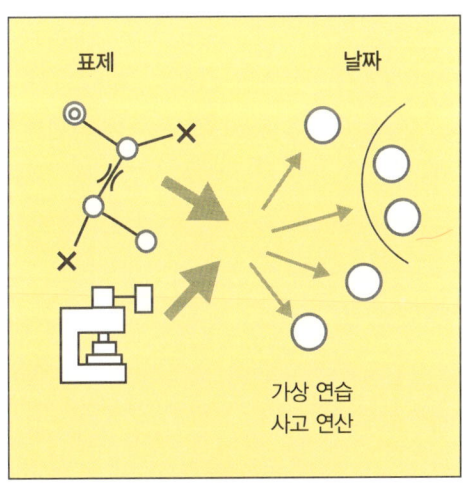

(d) 정교화를 생각한다.

그림 55 생각 노트를 적는 방법, 세 번째 장과 네 번째 장

47 실패에서 창조로

땜질 설계가 아니라 전체 설계를 하자

편의적인 '땜질 설계'로는 낭비와 리스크만 커진다. 잡동사니를 버리고 '전체 설계'를 해야 실패와 사고를 피할 수 있다.

2002년 미즈호 은행이 대규모 시스템 장애를 일으켰다. 옛 다이이치간교·후지·니혼교코 등 3개 은행이 경영 통합을 발표하고 2년 이상 준비기간을 거쳤는데도 제각각 독자적으로 구축하고 있던 정보 시스템을 잘 연결하지 못한 것이 원인이었다. 이 사고를 알기 쉽게 비유하자면, 산속 온천여관이 고객이 늘어나자 계속해서 객실만 늘린 끝에 여관 구조가 복잡해지면서 화재 같은 비상사태에 대한 위험이 커진 상황과 같다고 할 수 있다. 이 같은 편의적인 처리를 '땜질 설계'라고 하는데 그 피해 가능성은 간과할 수 없다.

제대로 할 거라면 새롭게 요구되는 기능과 새로운 제약조건, 안전성 등을 봐가면서 제로 베이스에서 전체를 새로 구축하는 '전체 설계(total design)'를 해서 완전히 새로운 구조물을 만들어야 한다. 이를 위해서는 쓸 만한 것은 남긴다는 발상은 버리고 일단 전부를 버리겠다는 생각으로 정말 꼭 남겨야 할 것만 남기는 작업이 필요하다. 그렇게 하면 버릴 수 없을 것이라고 생각했던 물품의 대부분은 사실 잡동사니였다는 것을 알게 된다. 잡동사니 위에 새롭게 뭔가를 덧붙여봐야 결국 이상한 모습이 될 수밖에 없다. 그래서는 일을 하고도 제대로 된 결과를 얻기 어렵다. 실제로 잡동사니를 버림으로써 비로소 군더더기 없이 새로운 것을 만들어내는 것이 가능해지고 실패와 사고도 피할 수 있게 된다.

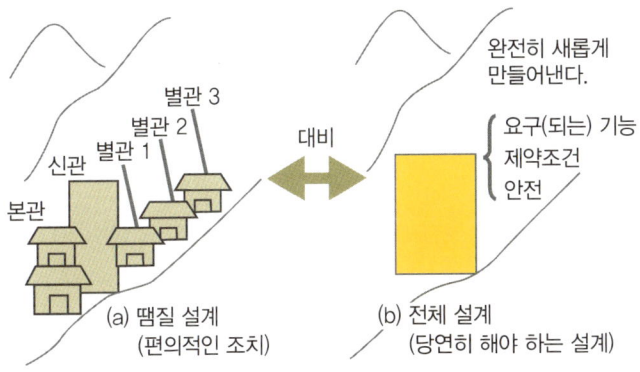

그림 56 땜질 설계와 전체 설계의 예

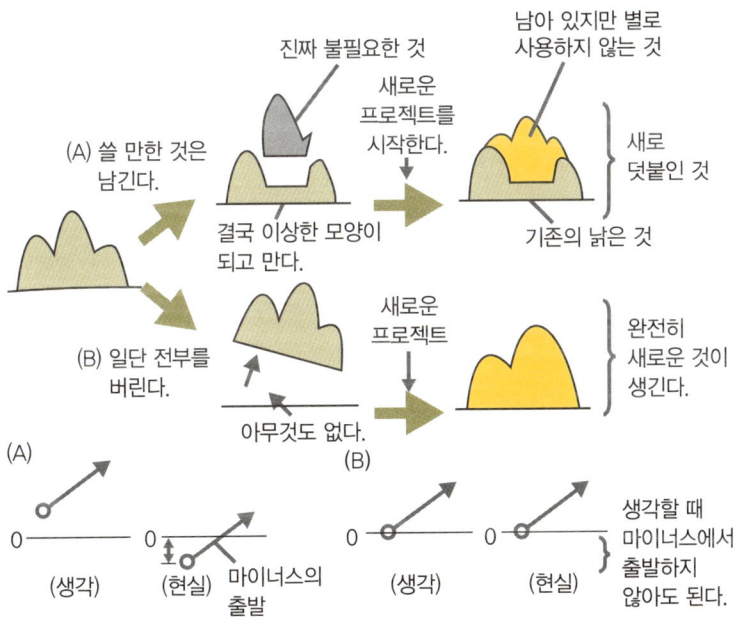

그림 57 일단 모든 것을 버리는 것의 중요성

사고전개도 만드는 방법 ①
요구되는 기능을 어떻게 구체화해나갈까

그 프로세스는 '요구(되는) 기능 = 기획테마', '기능 = 과제', '기능 요소 = 과제 요소', '기구 요소 = 구체적 해결책', '구조 = 구체안', '전체 구조 = 전체 계획' 순으로 진행한다.

창조적 설계를 하려고 할 때 사고의 전개는 요구(되는) 기능 → 기능 구성 → 기능 요소 → 기구 요소 → 구조 요소 → 전체 구조의 흐름으로 진행해나 간다.

다만 각 단계는 꼭 순서대로 진행할 것이 아니라 머리에 떠오르는 대로, 앞에서 먼저 했다가 뒷부분으로 돌아와서 하는 식으로 점차적으로 전체의 모습을 가다듬어가면 된다(그림 58). 알기 쉽게 정리한 것이 사고 체계라고 할 수 있는 사고전개도(그림 59)다.

이 같은 프로세스는 설계에 국한되지 않고 일반적으로 기획이나 계획이라고 불리는 활동에서도 통용될 수 있다. 그럴 경우 '요구 기능'은 '기획테마'라는 용어로, '기능'은 '과제'로, '기능 요소'는 '과제 요소'로 바꿔 쓸 수 있다.

그리고 거기에 내응해 맞춘 '기구 요소'는 과제를 해결하기 위한 '구체적 해결책'이 되고 '구조'는 '구체안', 더 나아가 '전체 구조'는 '전체 계획'에 해당하게 된다. 다시 말해 먼저 '요구 기능 = 기획테마'를 분석함으로써 '기능 = 과제'를 떠올려보자. 그것을 분해해서 필요한 '기능 요소 = 과제 요소'를 명확하게 한다. 그 '기능 요소 = 과제 요소' 가운데 하나를 선택·결정(대입)한다. 거기에 다양한 구체적인 속성을 부여해서 '기구 요소 = 구체적인 해결책'으로 만든 다음에 전개해야 할 '구조 = 구체안'을 결정하면 바로 종합해나갈 수 있게 되고 최종적인 '전체 구조 = 전체 계획'을 향해 달려 나갈 수 있게 된다.

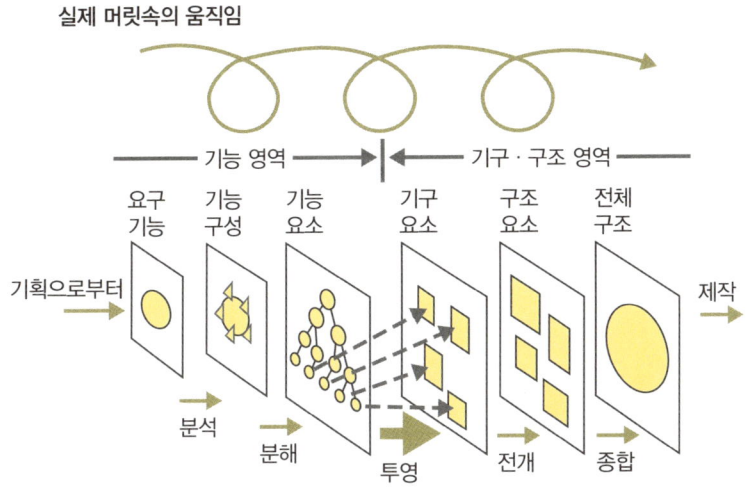

그림 58 창조적 설계 과정에서 사고전개도

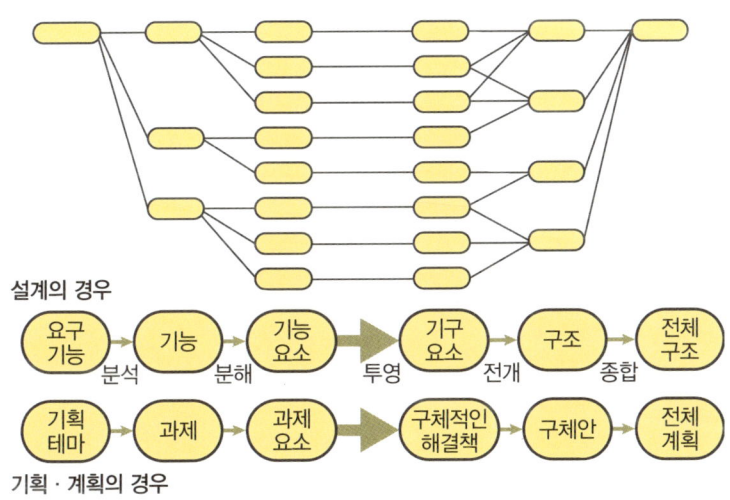

그림 59 사고전개도

사고전개도 만드는 방법 ②
사고전개도 작성할 때의 생각

사고체계라고 할 수 있는 사고전개도를 만들 때 인간의 머릿속에서는 기능(과제)→기구(과제 요소)→구조(구체안)의 순서로 나선형 모양의 움직임이 나타난다.

창조적 사고는 질서정연하게 순서대로 떠오르는 것이 아니라 여기저기서 툭툭 튀어나오거나 생각이 앞뒤로 왔다 갔다 하면서 전체적인 모습이 떠오르는데, 이 같은 지그재그식 운동을 알기 쉽게 표현한 것이 그림 60(a)이다.

질서정연하게 진전되는 일은 사실 드물고 왼쪽 기능(과제)으로부터 오른쪽 구조(구체안)로 갑자기 점프하거나 오른쪽의 구조(구체안)에서 왼쪽 아랫부분에 있는 기능 요소(과제)로 날아드는 경우가 발생한다. 생각이 일어나는 과정을 보면 좌우로 막 흐르면서 지그재그식 운동을 계속하며 점차 아래쪽으로 진행해나가는 것을 알 수 있다.

또 사고전개도를 만들 때 인간의 두뇌 움직임을 도식화하면 그림 60(b)처럼 과제 설정 이후에는 기능(과제), 기구(과제 요소), 구조(구체안)를 거치는 나선형 모양을 그려나가면서 차츰 상세화·구체화해나간다.

덧붙여 얘기하자면 사고전개도를 만들 때는 요구 기능, 즉 '기획 테마'의 설정이 무엇보다 중요한 과제가 된다. 사회가 요구하고 있는 수준을 적절하게 설정하는 것이 관건이기 때문이다.

이런 식으로 생각이 진전되어나가는 사고전개도가 만들어져가는데 사실은 사고전개도를 만드는 과정 그 자체가 생각을 발전시켜나가는 일이다. 자신의 머릿속을 보면서 자신의 생각을 만들어나감으로써 그 과정을 계획적으로 돕는 수단이 사고전개도다.

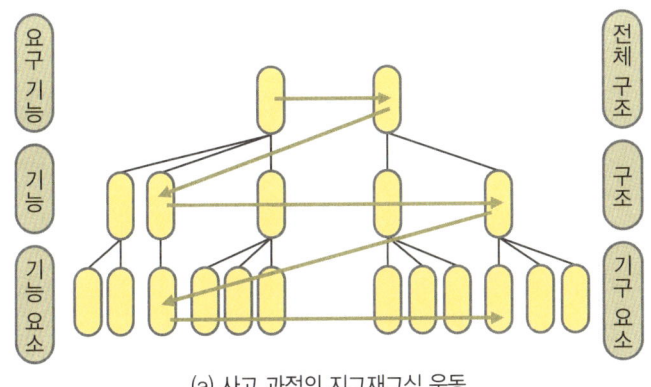

(a) 사고 과정의 지그재그식 운동

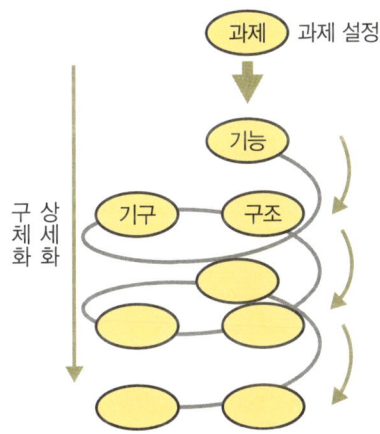

(b) 나선형으로 진행되는 기능 – 기구 – 구조의 상세화 · 구체화 과정

그림 60 사고의 지그재그식 운동과 생각의 상세화 · 구체화 과정

사고전개도 활용법 ①
삼성이 약진한 이유를 탐구해본다

삼성은 제약조건이 다르면 '포워드 엔지니어링'을 내세워 일본 제품의 기구 요소와는 다른 방향으로 나가는 길을 찾아냈다.

이제는 세계 톱 기업이 된 한국의 삼성전자가 일본 기업을 뒤쫓는 데서 벗어나 세계 수준의 기업으로 발돋움하기 위한 전략을 세운 것은 1987년 무렵이었다. 그들이 그때 세운 전략은 1997년 한국의 외환위기 이후 효과를 발휘하면서 회사를 일거에 글로벌 기업으로 성장시킨 원동력이 되었다. 이 같은 삼성전자의 기본 전략을 사고전개도를 통해 분석해보자.

삼성전자는 일본 기업을 뒤쫓기 위해 일본 제품을 분석하여 상세하게 내용을 검토했다. 거기서 얻은 지식은 그림 61의 오른쪽 상단 점선에 해당한다. 삼성은 여기서부터 일단 왼쪽으로 거꾸로 돌아가는 작업(리버스 엔지니어링)을 했다. 그런 다음 다시 반대로 돌아서서 오른쪽으로 나아가는 과정(포워드 엔지니어링)에서 제약조건이 다르면, 일본 제품의 기구 요소와는 다른 방향으로 나아가서 문제를 해결하는 데 눈을 뜨게 되었다. '세계 시장에서는 기구 요소가 제각각 다르게 요구되기 때문에 그것을 충족시키는 제약조건도 다르다'는 점을 잘 활용했다는 이야기다. 그래서 이 회사는 지역별로 특화된 제품 기획을 했다(그림 62). 겨냥한 것은 경제 성장이 활발한 신흥공업국 시장이었다. '일본 제품처럼 모든 첨단기능을 갖출 필요는 없다. 지역별로 요구되는 기능만 갖춘 제품을 팔면 된다.'라고 생각하여 여기에 맞춘 인재 교육부터 했다. 그리고 현지에 지역전문가를 파견해 거기서 요구되는 기능을 파악하게 함으로써 처음부터 시장에서 팔릴 제품을 기획하여 압도적으로 합리적인 가격에 제품을 내놓을 수 있었다.

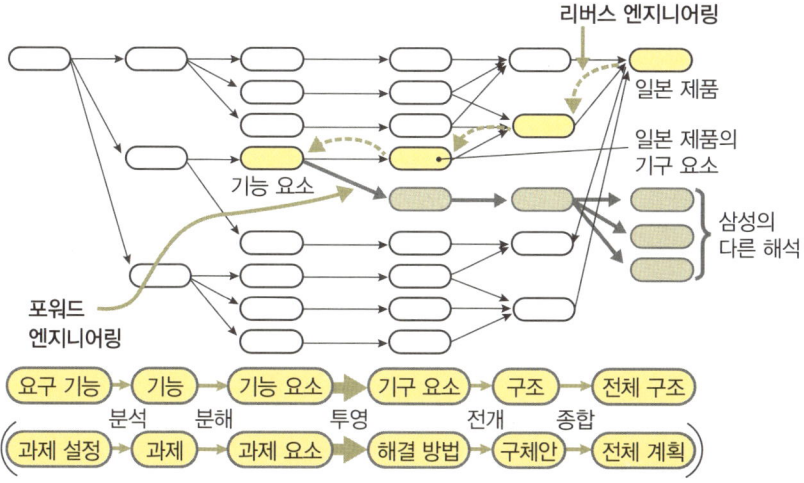

그림 61 삼성의 기본 전략

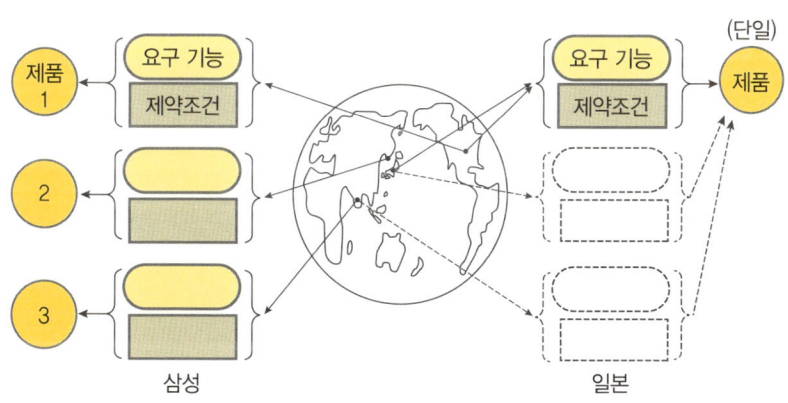

그림 62 삼성의 지정학적 제품 기획

사고전개도 활용법 ②
고객이 원하는 부분을 찾아내라

사회가 요구하는 본질을 읽고 거기서 한발 비켜서서 바라보라. 라이벌 회사의 제품에서 무엇이 본질적으로 새로운지를 생각해보는 것도 중요하다.

삼성은 지역별로 요구하는 제품의 기본 구성을 만드는 플랫폼 방식의 제품 생산에 성공했다. 지역별로 가장 효율이 높고 신뢰를 받고 요구되는 것을 만들어냄으로써 성장했다.

이런 노력은 다른 말로 바꿔 표현하면, 요구 기능의 하위 기능만 바꿔 개량함으로써 기본적으로 동일한 제품을 조금씩 다르게 설계한 작업이라고 할 수 있다. 그림 63처럼 사고전개도의 일부를 종단이나 횡단으로 바꿔놓는 지점에서 승부가 나온다. (a)의 종단 변경은 대항하는 제품의 요구 기능보다 하위 기능을 바꿔서 거기서 별도의 기능을 설정하는 방법이다. 한편 (b)의 횡단 변경은 대항하는 제품의 요구 기능을 하나의 수단으로 삼아 한층 상위의 요구 기능을 설정함으로써 하위의 별도 기능을 추가하는 방법이다.

이같이 타사를 벤치마킹함으로써 사회적 요구의 본질을 파악해서 거기서부터 새로운 각도로 보기 시작하거나 또는 상대가 내놓은 제품을 사고전개도에 따라 분석해서 무엇이 본질적으로 새로운지를 생각한 다음 자신의 제품을 개선하는 것이 중요하다. 이렇게 함으로써 잠재적인 니즈를 찾아낼 수 있게 된다. 일본의 상당수 전기제품 제조업자들은 자신들의 기술이 세계 최고 수준이라고 자만해서 노력을 게을리했다. 그 결과가 독보적인 삼성의 등장이다.

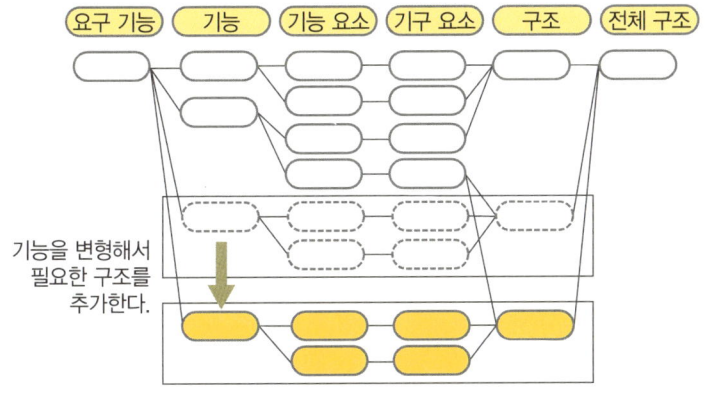

(a) 종단 변경

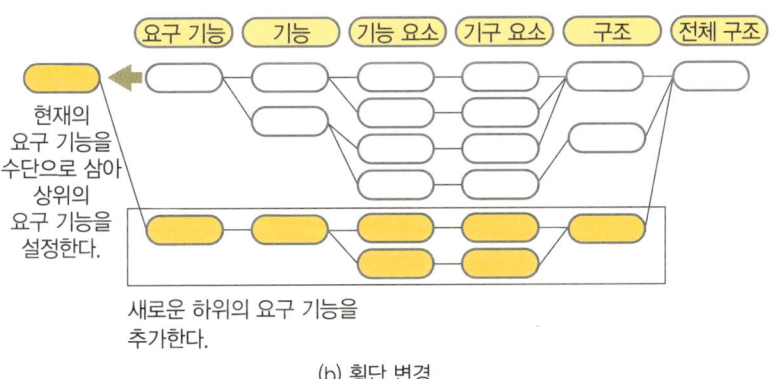

(b) 횡단 변경

그림 63 판 자체의 변경 방법

사고전개도 활용법 ③
완전히 다른 생각으로 돌파하라

예컨대 '소유한다'는 시각에서 '이용한다'는 시각으로 점프하게 되면 새로운 상품 개발에 대한 힌트가 넘쳐흐르게 된다.

새로운 니즈, 또는 잠재적인 니즈를 발굴하려면 때로 시점을 전환할 필요가 있다. 앞서 판을 조금 변경하자는 것도 이를 위한 하나의 방법인데, 아예 별도의 판으로 옮겨가는 것도 좋은 방법이다. 예컨대 주차장 업자가 시작한 카셰어링 시스템이나, 도심이나 관광지에서의 자전거 셰어링, 학교나 회사에서 자연발생적으로 하고 있는 비닐우산 셰어링 등은 과거에는 소유하는 것이 당연하거나 사회적 지위를 나타내던 것을 서비스로서 이용하는 관점으로 바꾼 결과다.

예컨대 카셰어링의 경우, 소유의 제약조건 가운데 하나인 초기 구입비나 관리비용, 주차비용을 업자가 부담하고 이용자는 부담할 필요가 없게 된다. 또 물건의 사용효율이 올라감으로써 과잉생산이나 불필요한 구입, 사용하지 않는데도 공간을 차지하고 있는 것과 같은 제약이 없어져서 사회저으노 유효성이 높아진다. 이런 효과는 '소유한다'는 관점의 연장선상에서는 결코 나타날 수 없고, '이용한다'는 별도의 판으로 점프함으로써 비로소 이해할 수 있다. 차세대를 향한 상품 개발의 힌트가 바로 여기에 있다.

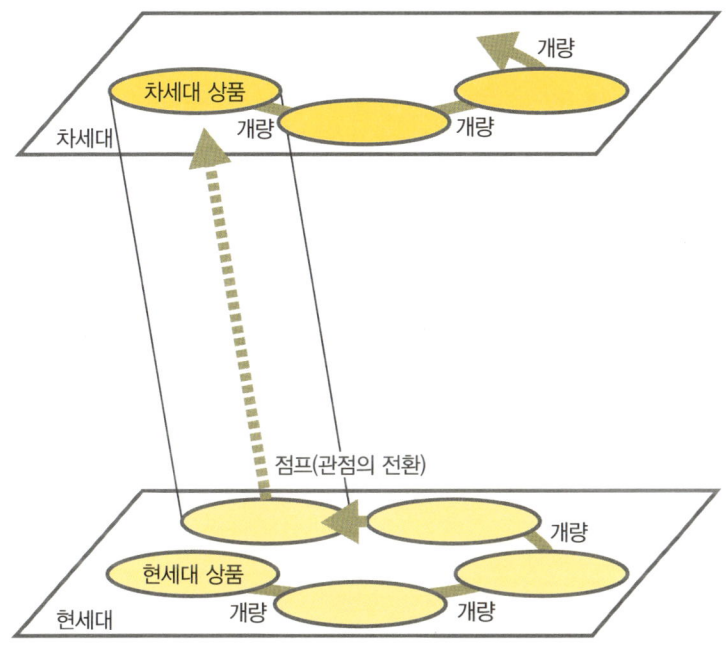

그림 64 관점의 전환에 의한 '현세대'로부터 '차세대'로의 점프

53 실패에서 창조로 [실천]

'프리우스'에서 무엇을 배울까

필요한 기술을 사전에 파악해서 전사적으로 개발한 '프리우스'는 사회적 지위의 상징이 되었다.

토요타 자동차가 에코카의 선구자가 된 하이브리드카 '프리우스'의 양산을 개시한 것은 1997년이었다.

원래 프리우스의 개발은 1993년 'G21 프로젝트'('21세기 자동차'를 테마로 한 프로젝트)로서 출발했다. 그 원대한 목표는 연비 향상이었지만 당초 기대하고 있던 20~30% 수준의 연비 향상으로는 결과가 미약하다는 점 때문에 목표를 50%까지 높이게 되었다. 또 동시에 핵심기술 개발과 생산은 모두 사내에서 실시한다는 방침이 세워지면서 배터리까지도 파나소닉과 합작회사를 설립하여 생산하게 되었다. 사외에 의존해서는 기술적으로 막히는 부분이 발생하면 뚫고나가기가 어렵다는 판단 때문이었다. 그래서 필요할 것으로 판단되는 기술을 모두 사전에 짚어내어 하나씩 전략적으로 특허화함으로써 가장 중요한 기술을 사내에서 자유롭게 안정적으로 사용할 수 있는 체제를 마련할 수 있었다.

이렇게 1997년에 처음으로 개발된 프리우스는 기본형 가격이 215만 엔으로 한 대당 수십만 엔 이상의 손해를 보고 팔수밖에 없었다.[10] 그럼에도 토요타는 과감하게 시판에 나섰다. 에코라는 이미지를 전략적으로 팔았다. 그 결과 프리우스는 참신한 디자인까지 받쳐주는 데다 환경 문제에 대처하는 차량으로 어필하면서 일종의 사회적 지위를 얻게 되었다. 그것은 토요타가 오랫동안 축적해온 노하우의 승리이기도 했다.

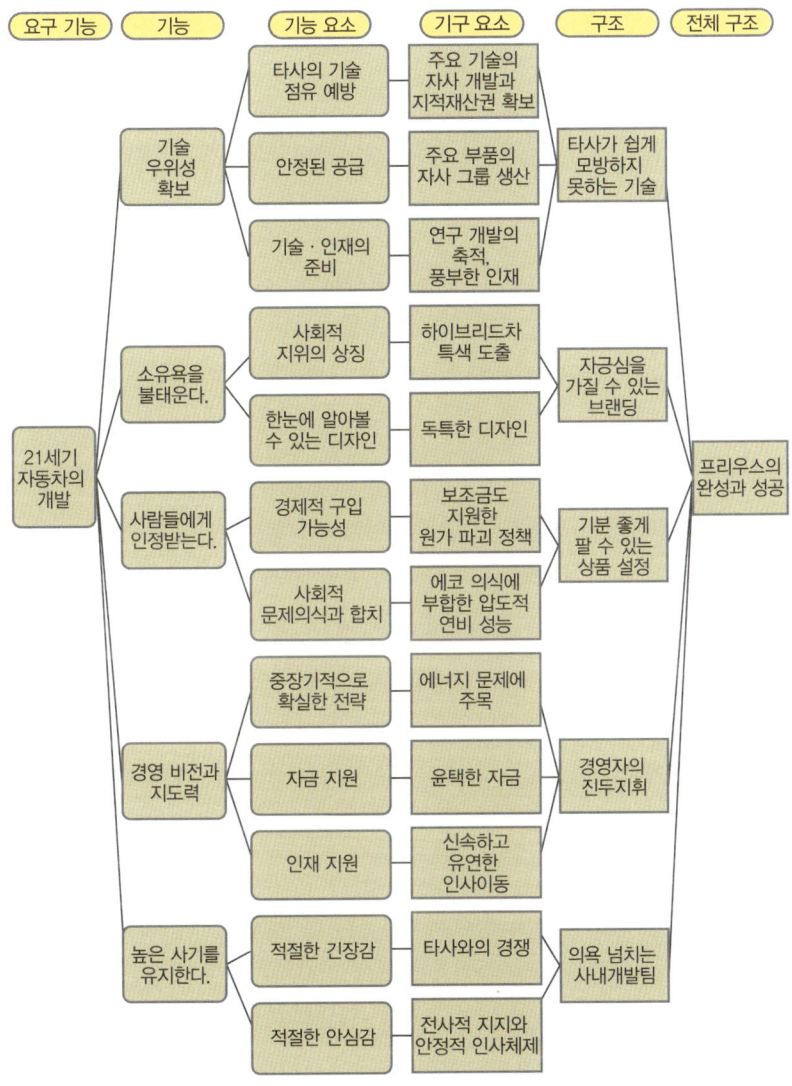

그림 65 프리우스 개발의 사고전개도

창조에 숨어 있는 두 개의 위험을 주의하라

'지난한 노력에 대한 경의 부족'과 '기술자의 오만'이 커다란 실패를 초래하는 원인이 된다.

창조가 있어야 비로소 개인도 조직도 성장한다. 그러나 그 이면에 두 개의 위험이 숨어 있다는 점을 간과해서는 안 된다. 하나는 '지난한 노력에 대한 경의 부족'이다. 일이란 하루하루 꾸준한 노력이 있어서 비로소 결실을 맺는다. 이 같은 '루틴 워크(routine work)'가 제대로 되지 않고서는 '창조'가 이루어질 수 없다. 따라서 노력에 대해 경의를 표하는 것을 잊어서는 안 된다. 두 번째는 '기술자의 오만'이다. 일이 어느 정도 능숙하게 되면 마음속에는 오만이 생겨서 시간이 흐름에 따라 급기야 조심성과 오만의 비율이 역전하고 만다. 결국 이와 함께 실패의 확률(가능성)이 점차 높아져서 어느 시점에 가면 임계점을 넘어서 커다란 실패를 초래하게 된다(그림 66).

세계의 거대 다리에는, 하나의 구조가 붕괴하는 데까지 30년이 걸린다는 주기성이 존재한다(그림 67). 기술자는 특정 구조로 건설된 다리가 붕괴하면 새로운 구조의 다리를 설계하고 그것이 붕괴하면 다시 다른 구조에 도전함으로써 훨씬 더 큰 다리를 건설해왔다. 그러나 거대화됨에 따라 위험한 요소가 새로운 형태로 바뀌어서 잠재하고 있다는 점을 알아채지 못해서 그때까지 성공한 방식에만 의존해 설계를 하게 된다. 또 성공에 대한 사회의 칭송이 기술자의 오만을 조장해서 과거의 실패에서 배운 점을 망각하게 하고 대참사를 일으키는 데 일조한다. 이 같은 의미에서 기술자는 어디까지나 겸손하게 과거의 실패에서 늘 배워야 한다.

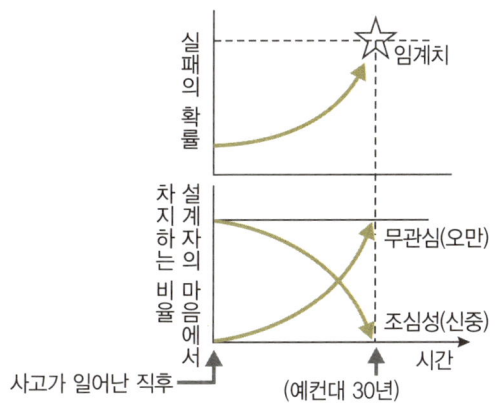

그림 66 시간 경과에 따른 실패 확률(가능성)의 증가

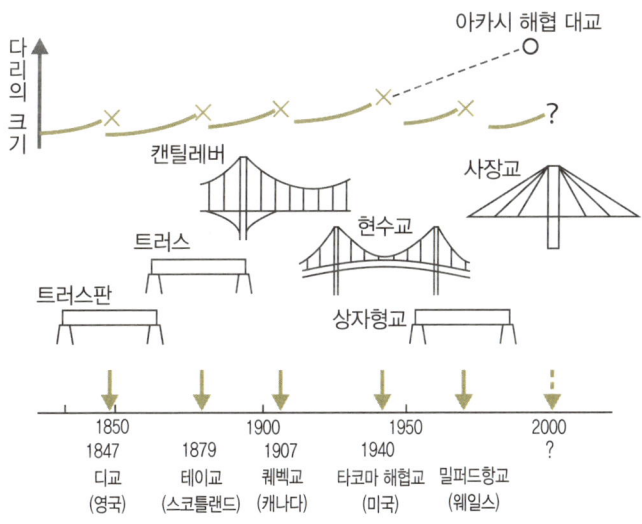

그림 67 30년마다 반복되는 거대 다리의 붕괴

(Petroski, H. '다리는 왜 무너지는가'를 토대로 하타무라 재구성)

실패를 막는 눈 갖기 ①
다각적인 관점에서 바라보라

사물을 보는 방법은 무엇을 통해 보느냐에 따라 결과가 크게 달라진다. 따라서 올바르게 꿰뚫어 보려면 필요충분한 관점이 꼭 필요하다.

사물을 본다는 것은 실재하고 있는 대상이나 사물의 영상을 머릿속에서 만드는 과정이다. 그것을 옆에서 보면, 실재하고 있는 사물이 어떤 통로(필터)를 통해 머릿속에 들어가서 실재에서 변형된 모습(실재와 거의 유사하지만)으로 보이게 된다(그림 68). 이런 통로는 예컨대 망원경이나 돋보기를 통해 사물을 보는 것에 비유할 수 있는데, 여기서 주의할 점은 모든 사람은 상(내용)을 지각할 때 그것을 포착한 필터에 강하게 의존할 수밖에 없다는 것이다.

예컨대 어떤 물건을 빨강색 필터를 통해 보면 "그건 빨강색이다."라고 말하게 되고 파랑색 필터를 통해 보면 "그건 파랑색이다."라고 주장하게 된다. 필터의 차이에 의해 본 물건이 크게 바뀌게 된다는 이야기다. 즉, 한정된 필터만으로 본 것이나 치우친 요소의 필터로 본 것을 그대로 받아들여서는 안 된다는 뜻이다. 사물을 올바르게 보기 위해서는 불필요한 필터를 배제하고 필요충분한 종류의 복수의 필터를 통해 보는 것이 필요하다(그림 69).

이 필터라는 말을 '시점'(또는 관점)으로 바꿔 쓸 수 있다. 즉, 올바르게 있는 그대로 보고 실패를 피하기 위해서는 필요충분한 복수의 시점을 갖고 있어야 한다.

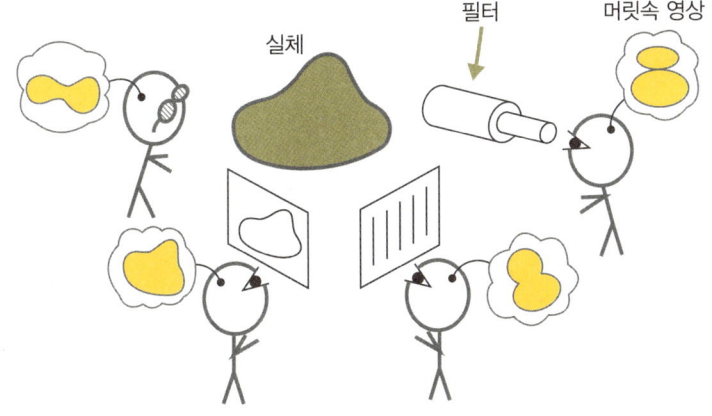

그림 68 사물을 안다(지각한다)는 것은 어떤 의미인가?

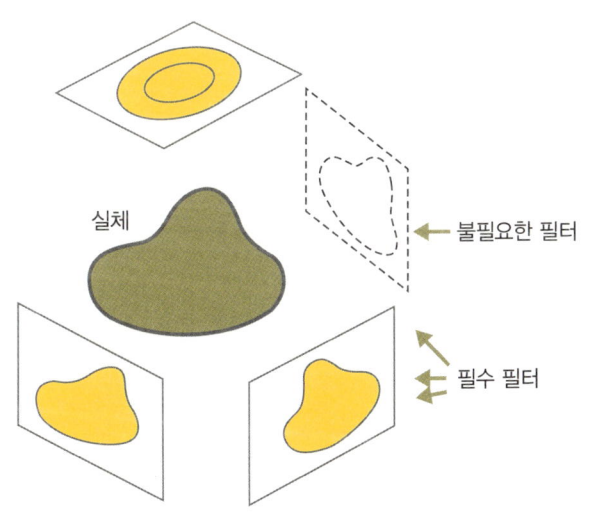

그림 69 필요충분한 필터의 조합

실패를 막는 눈 갖기 ②
안쪽부터 먼저 살펴라

대상을 안에서 보는 방법, 즉 '생생한 현장'·'생생한 대상'·'생생한 사람' 3R(Real, 생생한)을 조사하는 방법으로 사안이나 사물이 어떤 법칙을 따르고 있는지 분석할 수 있다.

앞에서는 대상이 되는 사안이나 사물을 밖에서 보았을 때의 경우를 이야기했는데, 외부에서 사안이나 사물을 보려고 하면 아무리 객관적인 관점을 가져도 또 아무리 주의해서 봐도 꼭 놓치는 부분이 나올 수밖에 없다. 그것을 예방하려면 관점을 전환해서 사안이나 사물을 내부에서 바라보는 것이 좋다(그림 70). 예컨대 대상이 되는 사안이나 사물이 구형의 물체라면 그 내부에 들어가서 원점부터 조사한다는 자세로 안쪽부터 살펴야 한다. 이같이 구형 물체의 외부 세계를 구형 물체의 내부에서 바라보는 방법을 수학으로 나타내면 '$f(z) = 1/z$의 투영'이 된다. 별자리 같은 천체의 모습을 묘사하고 있는 천체도가 딱 여기에 해당한다. 사안이나 사물을 밖에서 보는 통상적인 관찰법은 자신의 위치를 바꾸면 보는 방향 역시 달라지기 때문에 반드시 놓치는 부분이 생긴다. 그런데 내부에 들어가면 보는 위치를 바꾸지 않고 보는 방향만 바뀌기 때문에 정확하게 전체의 모습을 포착할 수 있다.

그렇다고 해서 현실 사회의 모든 사안이나 사물이 구형 물체의 구조를 하고 있는 것은 아니다. 그래서 '생생한 현장'·'생생한 대상'·'생생한 사람' 3R(Real, 생생한)에 맞춘 조사가 중요하다. 이런 기준에 따라 얻은 정보를 토대로 하면 아무리 많은 요소가 있어도 어느 요소가 어떤 이유로 어떤 관련성을 갖고 움직이고 있는지를 생각할 수 있고 어떤 운동법칙에 의해 움직이고 있는지를 분석할 수 있다. 그것이 내부에서 사안이나 사물을 봐야 하는 이유다.

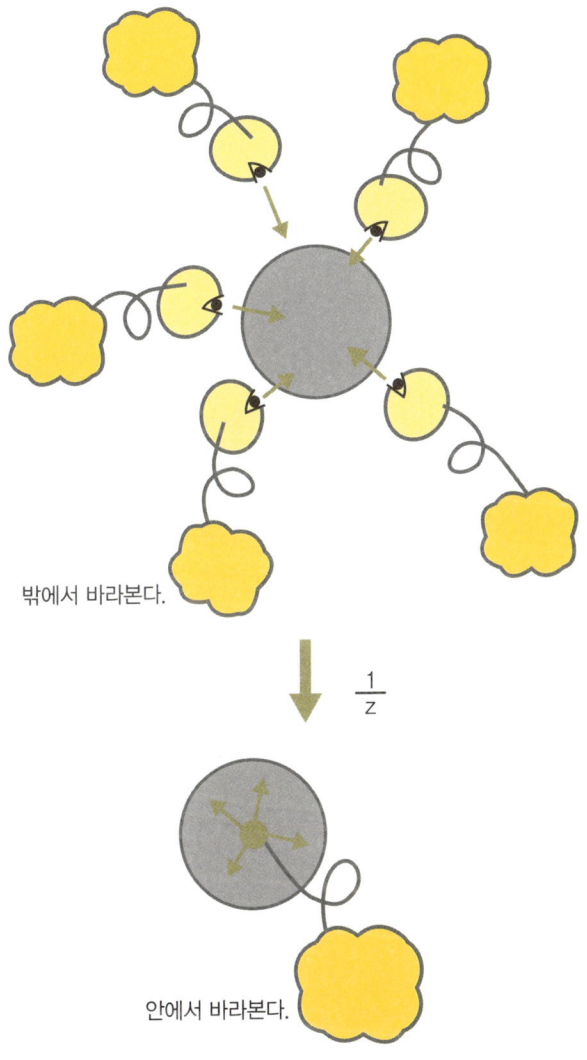

그림 70 $f(z) = 1/z$ 투영

실패를 막는 눈 갖기 ③
기획 입안에서 평가까지

일의 흐름을 계층으로 나타내면 상급기획자, 상급설계자, 중급설계자, 초급설계자 순으로 흘러가는데 각 수준마다 필요한 시점이 다르다.

이번에는 기획 입안에서 평가까지의 흐름을 살펴보자. 예컨대 설계의 경우 최상위 계층의 '기획 입안'에서 시작해 '구상 설계', '개별 단위의 상세 설계'로 이어진다. 그리고 '평가' 단계에 들어가면 이번에는 'DR(design review)', '시제품 평가', '본 제작 개시평가', '설계 확정 단계의 전체 평가'로 이어지면서 작업의 수준이 한 단계씩 올라간다. 이런 흐름을 사람으로 보자면, 맨 위 계층을 담당하는 '상급기획자'로부터 시작해 '상급설계자', '중급설계자', '초급설계자'의 순으로 이어져 제각각 필요한 관점에서 일하게 된다. 초급설계자에게는 기구학(機構學, Mechanism)이나 재료역학 같은 관점이 필요하지만 상급설계자가 되면 개발방침, 예산, 전체 스케줄, 설계 인원의 배치 같은 것이 관건이 된다.

이러한 것들을 종합하는 능력이 실패를 막고 일을 성공으로 이끄는 원동력이 된다. 이를 위한 능력 가운데는 하위 계층을 경험하지 않으면 체득할 수 없는 것도 물론 있겠지만, 모든 것을 경험할 필요는 없다. 현장에서 일과 사람을 계속 접촉하는 과정에서 깊게 생각하고 수년간 실무를 해나가면서 상위 계층의 설계자에게 필요한 기초적인 힘을 체득할 수 있기 때문이다. 또 높은 자리로 올라가는 사람 상당수는 설령 분야가 다르다 하더라도 얼마든지 일을 처리할 수 있는 안목을 가진 경우가 많다. 높은 수준에서 요구되는 능력에는 분야를 초월한 공통성이 있기 때문이다.

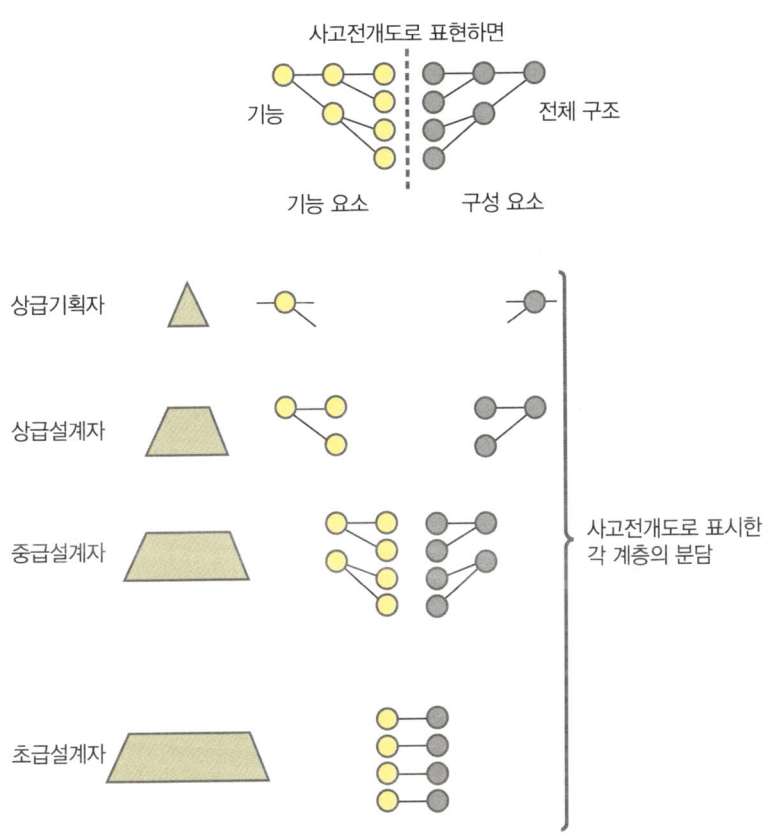

그림 71 설계의 계층성과 필요한 시점

전체를 보는 시점 ①
전체를 꿰는 사람이 반드시 있어야 한다

두 사람 이상이 분담해서 전체 평가를 하면 반드시 놓치는 부분이 있어서 사고나 실패가 일어나기 쉽다. 성공하려면 전체 모습을 챙겨보는 한 사람이 반드시 있어야 한다.

그러면 높은 자리에 올라간 사람에게 필요한 관점은 어떤 것일까? 그것은 전체를 보는 눈이다. 일반적으로 사람은 전문가가 있으면 일이 잘될 것이라고 생각하지만, 사실은 그렇지 않다. 전문가라는 사람은 어떤 특정 시점에서만 사안과 사물을 판단하는 특질이 있다. 보는 시각이 치밀한 것은 틀림없지만 시야가 좁아서 전체를 보지 못하는 경우가 많다.

여기서 중요한 포인트는, 최종적으로 전체를 평가하는 작업은 반드시 한 명이 해야 한다는 점이다. 프로젝트를 성공시키기 위해서는 전체를 부분으로 나눠서 세부적으로 평가할 필요가 있다. 하지만 두 명 이상이 분담해서 전체 평가를 하게 되면 반드시 구멍이 생긴다. 사고나 실패가 발생하기 쉽다는 얘기다.

그래서 필요한 것이, 최소한의 필요 정보를 가지고 전체 모습을 만드는 능력을 가진 인재다. 프로젝트가 커지면 커질수록 챙길 정보도 방대해지지만 그 모든 것을 머릿속에 넣는 것은 불가능하다. 따라서 필요한 핵심 정보만 뽑아서 전체를 관통하는 모습을 이해하는 능력이 관건이 될 수밖에 없다. 그 능력은 주먹구구라고 해도 좋을 직감적인 것인데, 그런 능력을 갖고 있다는 것은 자신의 눈으로 보고 스스로 생각하고 스스로 결정해서 스스로 행동하고 스스로 그 결과를 평가하는 경험을 철저히 지키는 사람이라는 의미다. 이런 능력을 가지려면 이론이나 단순한 구상만으로는 안 된다.

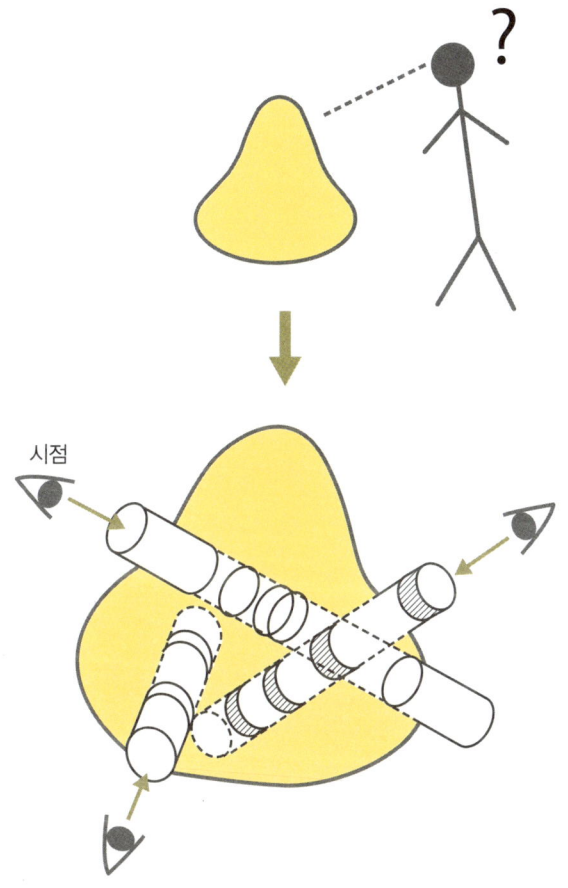

그림 72 머릿속에 핵심 정보만 확보
~최소한의 필요 시점에서 정보를 얻어 전체 모습을 만드는 것이 가능해진다.~

전체를 보는 시점 ②
전체를 꿰뚫는 시각으로 바라보라

최소한의 필요 시점을 확보할 수 있는 정보로 전체 모습을 만들어나가는 작업은 불교 세계를 표현하는 만다라를 그려나가는 것과 같다.

최소한의 필요 시점을 확보할 수 있는 정보를 만들기 위해서는 필요한 시점을 이미지화하여 불교 세계를 묘사한 만다라[11]를 그리듯 하면 된다. 그림의 중심에 '사안과 사물을 본다.'라고 하는 상위 개념을 적어 넣고 그 바깥에 그것을 구성하는 제1차 시점의 요소(구성 요소)를 적는다. 이어서 제각각의 시점을 가진 요소(구성 요소)를 그리고 나서, 제각각의 시점 요소 바로 아래의 요소(제2차 요소)를 그 밖에 그린다. 이어서 모든 요소의 개별적인 사정을 구체적인 시점(제3차 요소)으로 그 바깥에 그려나갈 수 있다.

제1차 시점의 요소에는 예컨대 "사람, 제품, 돈, 시간, 분위기" 등을 적어 넣으면 된다. 이것은 일반적으로 가능한 요소라고 볼 수 있는데, 써나가는 동안 어울리지 않는다고 생각되면 삭제해도 되고 필요한 항목을 추가해도 좋다. 이런 식으로 순차적으로 그려나가면 방사형 모습을 갖추게 되는데 이것이 늘 매끄럽게 이루어지는 것은 아니다. 이쪽을 썼다가 저쪽을 썼다가 하면서 서서히 완성해나갈 수밖에 없다. 그래서 작업을 할 때 제1차 시점의 요소는 중요한 것부터 순번을 붙여가면서 해나가고 뒤이어 2차 이후의 요소를 기입해나가면 효율적이다. 이 작업이 만다라처럼 한번 전체 모습을 그렸다고 해서 끝나는 일이 아니다. 여러 차례 거듭해야 소기의 목적을 달성할 수 있다. 어느 시점에서 출발할지를 명확하게 하기 위해서 그림 73처럼 화살표를 넣어서 해도 좋다.

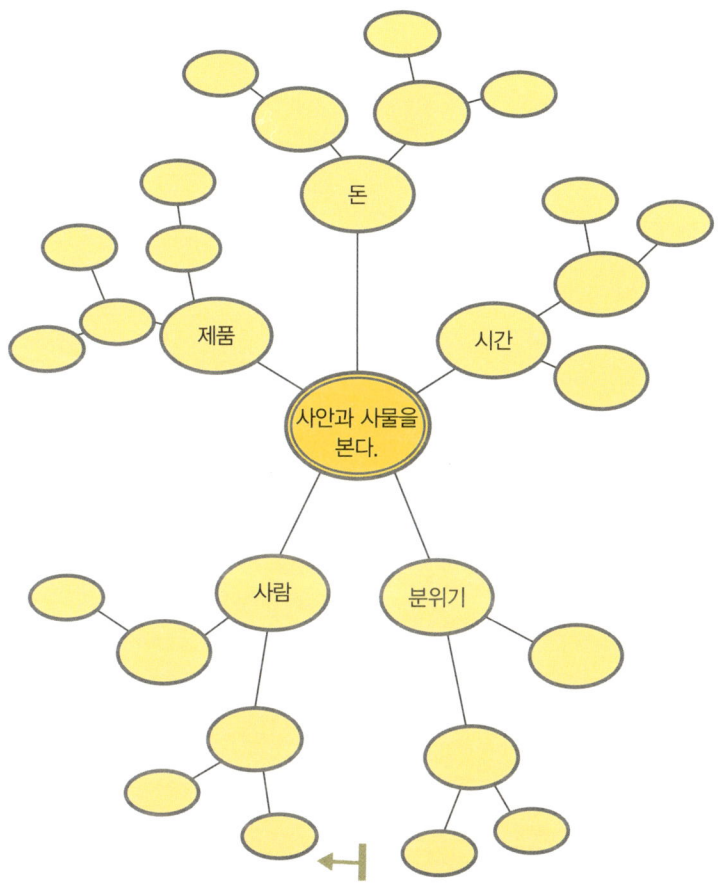

그림 73 시점 만다라
※구체적인 사례 기입은 그림 76 참조

전체를 보는 시점 ③
밖으로 드러난 현상을 이해하자

'구성 요소 찾아내기', '구조화하기', '시험', '검증' 작업을 거침으로써 비로소 현상을 이해하는 첫걸음을 내딛게 된다.

그렇다고 해도 사안과 사물을 바깥에서 바라보고 정확하게 이해하기란 쉬운 일이 아니다. 그냥 바라보기만 해서는 그 본질을 이해할 수 없기 때문이다. 그래서 반드시 해야 할 작업이 있다.

첫 번째는 '구성 요소 찾아내기'다. 이것은 그 현상이 어떤 요소에서 출발했는지를 가정하는 데서 시작한다.

이어서 '구성 요소 구조화하기'가 필요하다. '구성 요소 찾아내기' 작업으로 뽑아낸 구성 요소를 연결해서 하나의 입체적인 구조를 만든다는 이야기다.

다음에는 이런 작업으로 만들어낸 입체 구조를 움직여보는 시험 작업으로 진도를 나간다. 물론 그 구조는 머릿속에서 생각한 것이기 때문에 의도한 대로 실제로 움직일 리 없이 어디까지나 가상적인 작업이다. 하지만 검증 절차를 거침으로써 실제의 세계에서 어떤 결과로 나타날지(즉, 바깥에서 봤을 때의 실제 현장이 어떻게 될지)를 상당 부분 이해할 수 있게 된다.

그래서 그 움직임이 자신이 바깥에서 바라보고 있던 모습과 일치할 때부터 이해가 되기 시작한다. 즉, 눈에 보이지 않는 알맹이를 알았다고 느끼고 다음 단계로 한걸음 더 나아가는 것이 가능해진다는 이야기다. 한편 움직임이 자신이 가정하고 있던 결과와 일치하지 않은 경우는 '모르겠다'고 솔직하게 인정하고 다른 접근방식을 시도해봐야 한다. 그대로 자신의 가정에 매달리면 아무리 노력해도 조금도 앞으로 나아갈 수가 없기 때문이다.

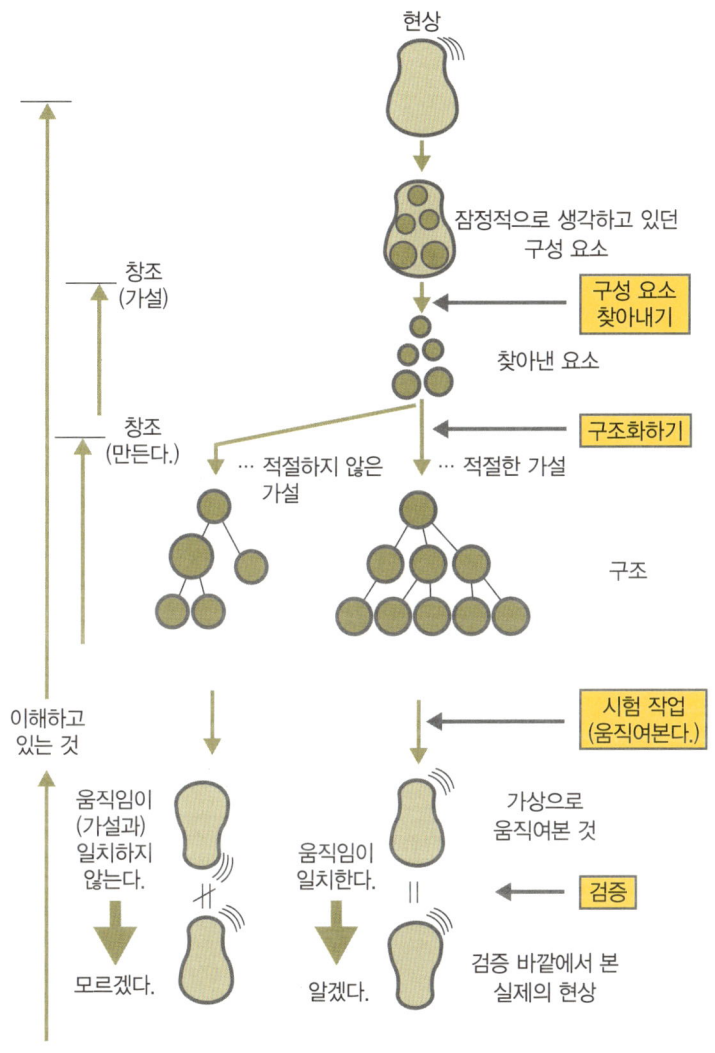

그림 74 현상을 이해한다는 것

아리타야키로부터 무엇을 배울까 ①
역사에서 먼저 배운다

아리타 도자기의 성공은 시대의 니즈에 부합하여 디자인·유통경로·생산공정 등을 발전시키고 기본 모델을 공유해온 데 있다.

실패학에서는 '역사에서 성공사례를 배운다'는 시점이 중요하다. 여기서는 일본을 대표하는 자기 '아리타야키[有田燒]'(아리타 지역에서 제작하는 도자기)의 역사를 되짚어 보겠다.

일본의 아리타야키 역사는 17세기 초반 조선 출신의 도공 이삼평(李參平)[12]이 아리타에 도자기를 굽는 요(窯)를 열면서 시작되었다. 이후 17세기 중반 명나라 말기의 혼란으로 중국의 요업이 쇠퇴하자 일본의 자기는 유럽으로 진출해 큰 인기를 끌면서 금과 같은 가치를 갖게 되었다. 그러자 독일 마이센 등 일부 지방에서 직접 자기를 제작하기 시작하였다. 이 때문에 일본 자기는 18세기에는 수출이 줄었지만 양산기술이 발달하면서 가격이 내려가기 시작해 서민도 일상생활에서 사용하기 시작했다. 이어서 메이지 시대에 접어들어 다시 수출이 활발해지자 자기 생산의 근대화가 시작돼 그 기술이 지금의 최첨단 에너지·전자 재료 분야에서 활용되고 있다.

나는 이같이 긴 역사를 갖고 그 지식이 첨단기술로 활용되고 있는 것을 아리타야키의 성공이라고 보고 있다. 그리고 그 성공의 요인으로 중국의 혼란기에 세계에 진출할 수 있는 기회를 잡은 것, 자기 생산에 적합한 재료나 지형 등의 환경을 갖고 있었다는 것, 초기 단계부터 최적의 기술이 완성되어 있었다는 것, 그리고 무엇보다 시대의 니즈에 부응하여 디자인·유통경로·생산공정 등을 개발하고 기술자가 그 모델을 공유해온 것을 꼽을 수 있다.

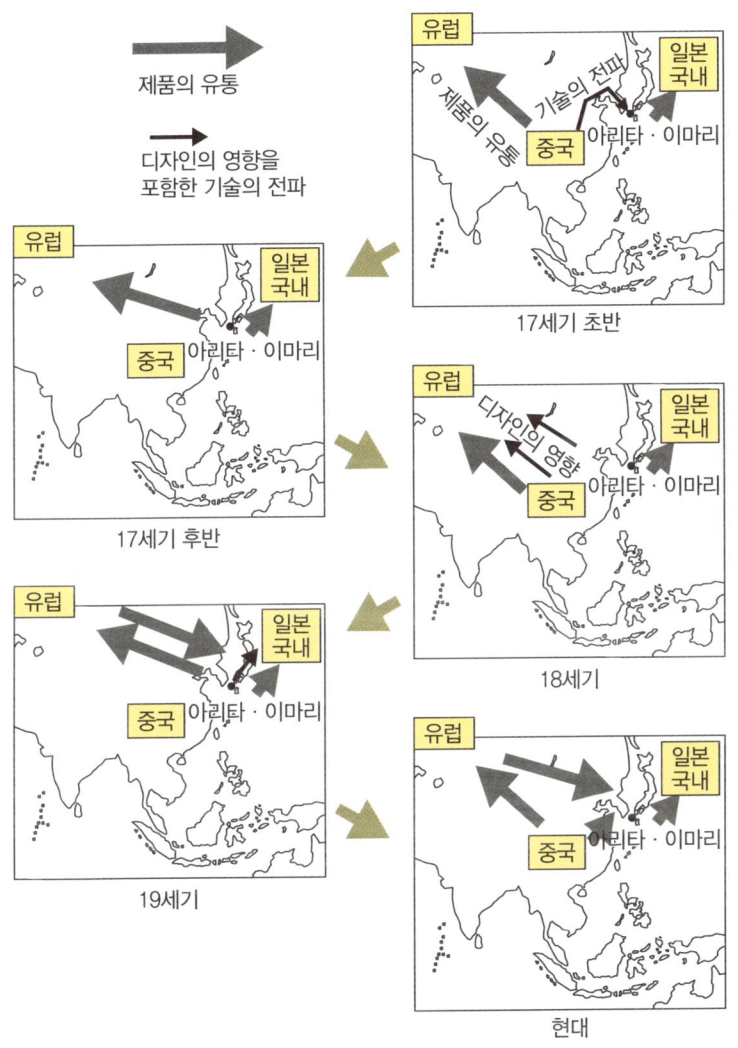

그림 75 시대별 자기와 제조기술의 흐름

아리타야키로부터 무엇을 배울까 ②
다양한 관점을 배운다

하나의 산업이 동일한 모습으로 시대의 요구에 부응해나가는 것은 불가능하다. 항상 다양한 시점에서 미래상을 꾸준히 수정하면서 그려나가야 한다.

아리타야키의 성공 요인을 만다라(그림 76)로 나타내보자. 예컨대 '사람'을 기준으로 보면 이삼평으로부터 시작된 아리타야키는 17세기 아카에[赤繪]자기[13]의 소성 기술[14]을 완성시킨 초대 사카이다 가키에몬[酒井田柿右衛門]의 손을 거치면서 예술품이 되었다. 그 양식은 가키에몬 양식이라고 불리면서 유럽에서 고가에 거래됨과 동시에 독일·프랑스·영국 등에서 모방될 정도였다. 메이지 시대에 들어와서는 요업(窯業) 근대화의 리더 에조에 마고에몬[江副孫右衛門, 일본 특수요업 초대사장]이나 절연애자를 제조하는 등 요업의 새로운 방향을 개척한 후카가와 에이자에몬[深川栄左衛門, 고란샤(香蘭社)[15] 창업자]에 의해 근대산업화되었다. 즉, 아리타야키는 일용품, 예술품, 전자재료 등으로 다양하게 퍼져나가, 그에 상응하여 제품의 가격이나 금박을 붙여 넣는 방법, 생산공성 등이 변화해왔던 셈이다.

또 만다라를 보면 하나의 산업이 동일한 모습으로 사회의 요구에 부응해나가는 것은 불가능하고 시대의 변천에 따라 변모해가는 것이 자연스런 흐름이라는 것을 알 수 있다. 그것을 계속 자각하고 있어야 산업이 커나가다가 성장이 멈추는 시기를 또 하나의 계기로 포착해서 그때마다 새로운 관점으로 미래상을 그려나갈 수 있다는 것이다. 새로운 기술은 아무것도 없는 무(無)에서 출현하는 것이 아니다. 과거의 기술이 축적되어 있고, 또 많은 요소로 다채롭게 새겨진 만다라처럼 그 요소들이 진화해 새로운 모습으로 나타난 것으로 봐야 한다.

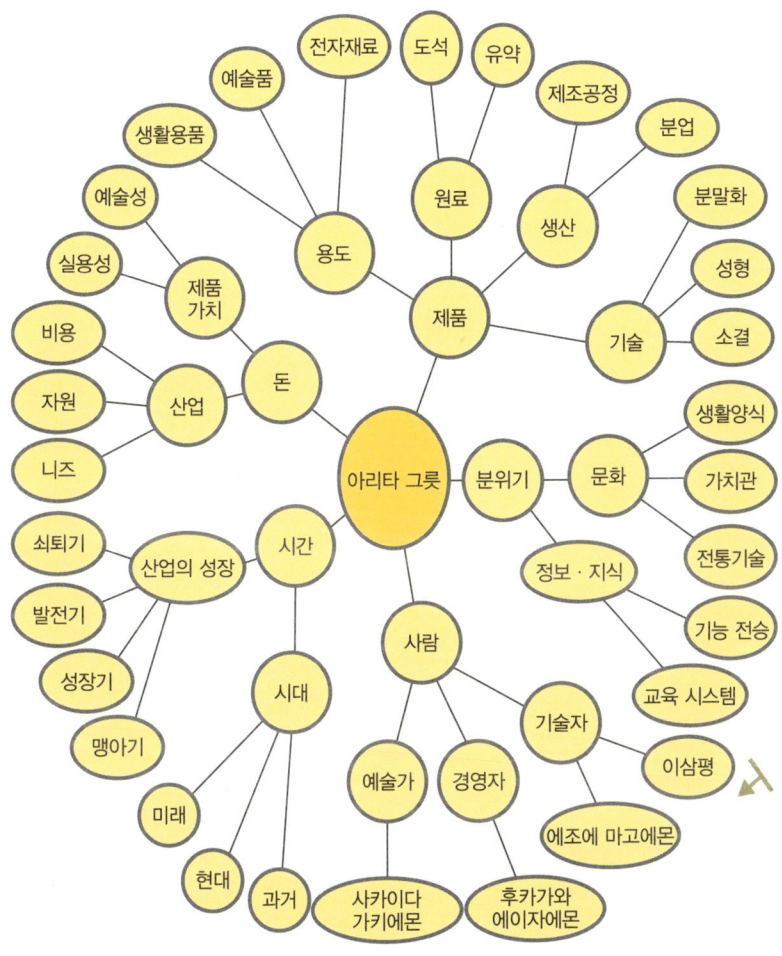

그림 76 아리타야키의 관점에서 만든 만다라

아리타야키로부터 무엇을 배울까 ③
시대 변화에 어떻게 대응해왔나

아리타야키를 다양한 시점에서 보게 되면 시대 변화에 부응해 생존해온 이유를 알 수 있다. 이런 시각은 다른 산업에도 활용할 수 있다.

특정 물건의 가치를 해부할 때는 다양한 관점에서 보는 것이 중요하다. 아리타야키를 이런 관점에서 보면 시대에 따라 용도나 가치기준이 변화해왔기 때문에 지금까지 전해져 내려올 수 있었다는 점을 알 수 있다.

17세기 아리타야키는 유럽에 미술품으로 수출되면서 크게 번성했다. 그후 18세기, 중국의 도기가 부활하면서 수출이 줄어든 다음에는 국내 서민의 일용품으로서 활약하기 시작했다. 그러다가 19세기에 아리타 도자 단지는 큰 화재와 태풍으로 괴멸적 타격을 입었는데 메이지 유신 때 산업 부흥 정책으로 다시금 해외 수출이 본격화되었다. 이어서 20세기에는 가볍고 강도가 높은 특징을 살려서 절연애자는 물론이고 산업 소재로 쓰이는 세라믹으로 용도가 새롭게 개발되었다.

이상에서 살펴본 대로 아리타야키는 쇠퇴와 부활을 반복해오고 있다. 이때 니즈, 자원, 기술 등의 기본적 요소 가운데 어느 것 하나에만 특화하고 있었다면 생존하지 못했을 가능성이 크다. 어느 요소 하나도 끊어진 것이 없었기에 시장의 변화에도 대응할 수 있었다. 또 처음부터 기술적으로 완성돼 있어서 본질을 바꾸지 않으면서 다른 요소와 균형을 이룰 수 있었다는 설명도 가능하다. 이같이 미래는 많은 관점에서 관찰하고 산업의 과거와 현재를 두루 훑어봄으로써 예측할 수 있다고 말할 수 있다.

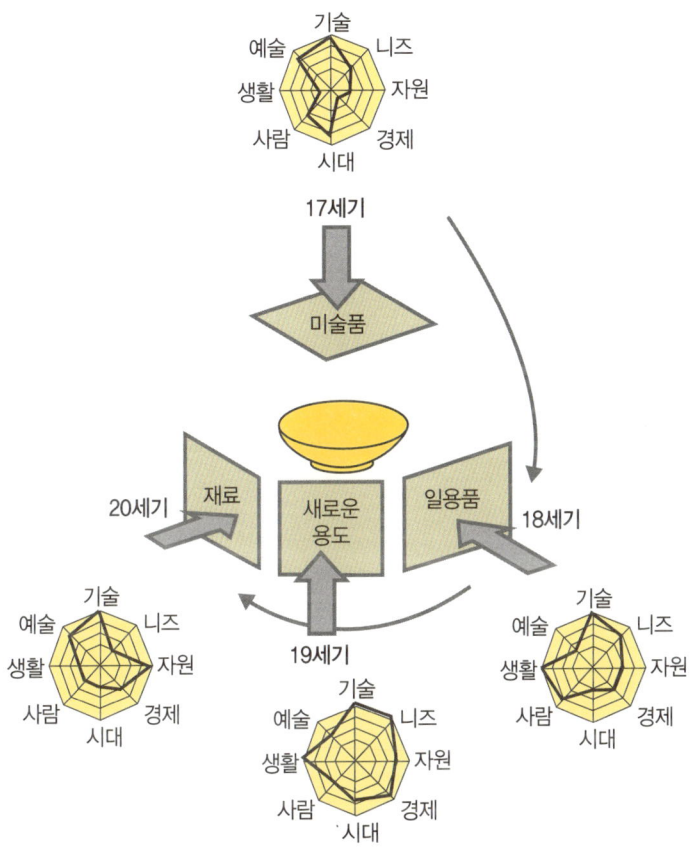

그림 77 다양한 관점에서 본 아리타야키

칼럼 03

[실패학 실천록 ③]

정확한 정보 공개로 손실을 최소화한 고시바 교수팀

2002년, 기후 현 가미오카 광산 지하 깊숙한 곳에 건설된 중성미자 검출 실험 연구소 카미오칸데(거대한 물탱크의 내부를 수많은 광전자증배관으로 덮어서 뉴트리노를 잡아내는 장치)를 활용해 뉴트리노의 질량 검출에 성공한(1987년) 고시바 마사토시[小柴昌俊] 도쿄대 명예교수에게 노벨 물리학상이 수여되었다.

카미오칸데는 1998년에 '슈퍼 카미오칸데'로 뒤를 이어갔는데 2001년 슈퍼 카미오칸데의 광전자배양관 가운데 수천 개가 파손되는 사고가 발생했다. 광전자증배관 한 개가 폭발해서 그 충격파가 전파하는 폭축(爆縮: 충격파에 의한 압축) 현상이 원인이었다. 그때 고시바 교수팀의 책임자 도쓰카 요지[戶塚洋二]는 즉각 세계 언론을 통해 파손되지 않은 광전자증배관을 사용해서 종전처럼 계속 관측할 수 있다고 발표했다. 그 후에도 사고의 원인 규명이나 파손 사진, 대책위원회의 의사록, 배포자료 등을 신속하고 정확하게 전달했다. '누가 잘못했다', '뭐가 이상하다'는 이야기가 나오기 전에 무엇보다 '관측을 계속하는 것'이 중요하다는 판단에서 가능한 결정과 행동이었디. 그 결과 사고로 인한 연구 중단 같은 일은 막을 수 있어서 연구는 계속될 수 있었고 2006년에는 교환 작업도 거의 완성되었다. 도쓰카가 이같이 신속한 결단을 내린 것은 평소 가상훈련을 통해 문제가 생겼을 때를 철저히 대비해온 덕분이다. 실패학을 정확하게 실천한 셈이다.

Step

4

[실패학 응용 편]

실패를 살리는
리더가 되자

자신의 그림자에 놀라지 말고
계속 변신하라

실패를 두려워하는 것은 바로 '브로켄의 현상'으로 나타난 자신의 그림자를 두려워하는 것이나 다름없다.

인간은 본질적으로 성공 체험을 통해 배우는 인생을 살아갈 수밖에 없다. 그것이 실패할 걱정이 없고 가장 안전한 길로 보이기 때문이다. 그러나 사실 자신을 둘러싸고 있는 환경은 늘 바뀌기 때문에 그런 변화와 함께 '제약조건'도 변한다는 점을 잊어서는 안 된다. 즉, 안전한 길은 안전하지 않은 위험을 늘 잉태하고 있기 때문에 오래된 방식에 고착되어 있는 것은 스스로를 위험하게 만드는 생존방식이라는 이야기다.

높은 산에 오를 때 전방에 커다란 괴물처럼 보이는 그림자가 나타나는 경우가 있는데 이를 보고 사람들은 깜짝깜짝 놀라곤 한다. 이는 '브로켄의 요괴'라는 현상인데, 사실 이 현상은 후방에서 태양광이 비치면서 자신의 그림자가 돌출된 것에 지나지 않는다. 그런데 실패를 두려워해서 한 발자국도 나가지 못하는 태도는 흡사 브로켄 현상으로 나타난 자신의 그림자를 보고 놀라서 어쩔 줄 몰라 하는 것이나 다름없다.

최근 "중국과 IT가 내 일자리를 빼앗고 있다."라고 말하는 사람을 가끔 보게 되는데 냉정하게 말하면 이는 책임 전가라고밖에 볼 수 없다. 설령 규제 강화나 보호정책으로 도움을 받는다고 해도 일시적인 효과에 그칠 뿐 곧바로 더 진보된 형태의 위협에 직면하게 된다. 글로벌화가 진전될수록 변화는 가속화된다. 우리는 자신의 그림자에 놀라지 말고 끊임없이 변신할 줄 아는 생존방식을 추구해야 한다.

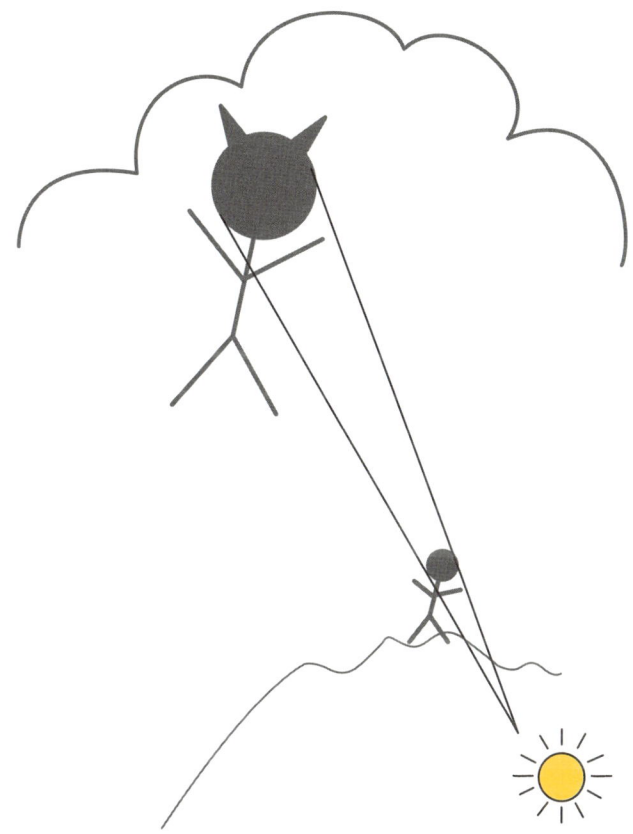

그림 78 우리는 자신의 그림자에 위축되곤 한다.

65　실패학 응용 편

성공 방정식을 알아두라

'스스로 시행착오를 반복해서 앞으로 나아가야 할 길을 찾는다.' 이것이야말로 대성공으로 연결되는 방정식이다.

나는 대학교수로 있으면서 가끔씩 느끼는 것이 있는데 일본 학회 전체가 미국이나 유럽의 주장을 마치 자신의 생각인 양 받아 옮기고 있다는 것이다. 그래서 이미 다 나와 있는데도 '국내에서는 최초 공개'라며 자신의 연구 실적으로 내세우는 착각을 하고 있는 학자들이 많고, 그것을 동료에게 강연하면서 더욱 만족스러워하는 사람도 적지 않다.

그러나 이는 진정한 학문이 아니고 더 이상의 진척을 기대하기도 어렵다.

이런 원리는 비즈니스에서도 동일하게 나타난다. 모두 앞다퉈 해외의 성공사례를 배워서 그것을 그대로 실행한들 현재의 성숙한 국내 시장에서는 그대로 통용될 리가 없다는 이야기다. 오히려 크게 바뀌고 있는 현대 사회에서는 상황에 부응한 대처를 하지 못해 생각지 못한 실패를 키우는 경우가 많다는 것을 알아야 한다.

물론 주위의 성공에서 배워 모두 같은 길(즉, 모방한다는 의미)을 감으로써 어느 정도 성과를 내는 경우도 있다. 그러나 그런 성과의 이면에는 언제나 공모나 담합에 의한 부작용의 위험이 있음을 자각해야 한다. 그보다는 자기 혼자서도 좋으니 철저하게 시행착오를 반복해서 앞으로 나아갈 수 있는 새로운 길을 찾아내는 노력을 해야 한다. 그것이야말로 노력이 대성공으로 이어지는 방정식이다.

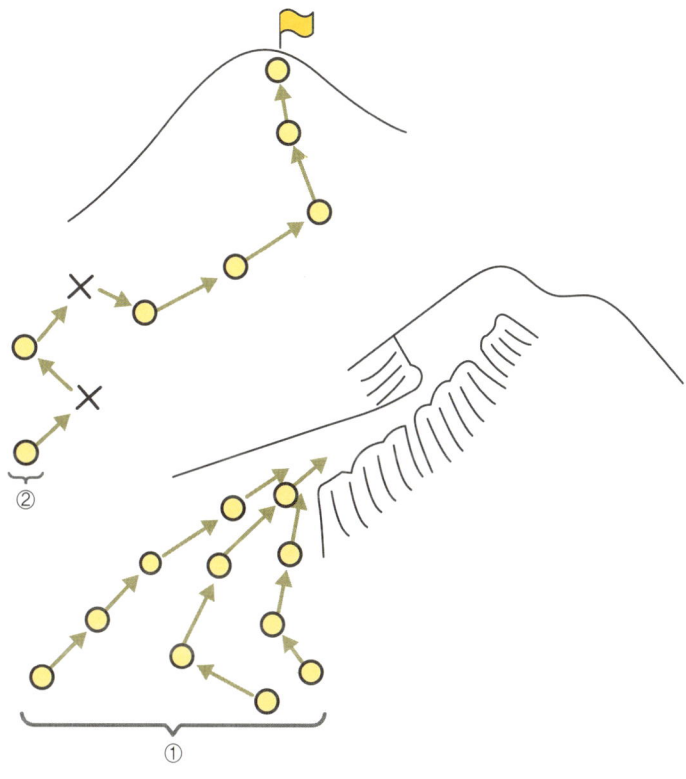

(① 모두가 가는 길… 보기에는 안전하고 확실한 길… 위험을 알아채기 어려운 길)
(② 혼자서 찾아가는 길… 시행착오로 찾아낸 길… 대성공으로 이어지는 길)

그림 79 모두가 가는 길과 혼자서 가는 길

실패학 응용 편

진짜 리더와 짝퉁 리더의 차이

짝퉁 리더는 자신이 저지른 실수 때문에 잘못된 방향으로 가면서도 상황 파악을 하지 못한다. 진정한 리더는 지식과 유연한 대응력으로 돌발사고를 극복한다.

우리가 살아가면서 진정으로 필요한 지식은 수험공부 중심의 학교교육에서는 얻지 못한다. 자신이 직접 한 체험이나 주변 사람의 체험에서 배우는 살아 있는 지식이 아니면 의미가 없다.

그런데 그러한 지식의 대부분은 현실에 나가 직장의 리더에게 주로 배우게 되는데, 일반적으로 리더가 되는 사람은 실무 경험이 길고 '자신은 실제로 많은 일을 체험해왔고 실패로부터도 배운 것이 많다'고 자부하고 있다. 그러나 오래된 자신만의 방식에 집착하게 되면 자신이 실수를 저질러서 잘못된 방향으로 가고 있어도 그런 상황을 파악하지 못하는 수가 있다. 짝퉁 리더, 짝퉁 베테랑이라고 말할 수 있는 경우다. 그런 사람 밑에서 일하는 것은 보통 불행한 일이 아니다. 나쁜 흐름에 말려들기 쉬울 뿐만 아니라 올바른 길로 나아가려고 해도 방해를 받기 때문이다.

한편 진정한 리더, 제대로 된 베테랑으로 불리는 사람은 체험적인 지식에만 의존하지 않고 과학적인 지식 획득에도 욕심을 보이는 균형 잡힌 사람이다. 그런 사람은 자신이 관계하고 있는 일을 과학적이면서 체계적으로 이해하려고 하기 때문에 그때까지 없었던 사태에 직면해도 그간 축적해온 지식과 유연한 대응력으로 위기를 극복할 수 있다. 조직에서 리더를 뽑는 것은 어려운 일인데 나 스스로 진정한 리더가 되겠다는 자세와 노력이 있어야 할 것이다.

'진정한 리더'

'짝퉁 리더'
(리더를 흉내 내는 어릿광대)

그림 80 리더와 가상연습

물고기 없는 연못에서 물고기 있는 호수로 옮겨가겠다는 절실함

살다 보면 우물 안에서 뛰쳐나와 넓은 호수로 갈 수밖에 없는 일도 생긴다.

물고기가 없는 연못에 낚싯대를 드리우고 있느니 물고기가 많은 호수로 가는 것이 좋다는 것은 누구나 잘 알고 있다. 하지만 현실에서는 그런 당연한 판단이 안 되는 경우가 있다. 나도 예외가 아니었다.

나는 대학에서 직장을 잡고 좁은 분야에서 그다지 대단한 성과를 내지 못했는데도, 같은 분야의 동료 연구자들끼리 서로 인정해주는 분위기에 휩싸여 살다 보니 왠지 모르게 나름 성공했다는 기분에 취해 살고 있었다.

달리 표현하자면, 우물 안 개구리 같은 생활에 안주하고 있었다. 그러던 어느 날, 현실 세계에서 일하는 민간 연구소의 지인에게서 "대학에서 가르치는 것 따위는 회사에서 전혀 도움이 안 된다. 시대착오적인 연구를 해야 하는 학생들에게 민폐만 될 뿐이다."라는 얘기를 듣게 되었다. 나는 "묵묵히 하는 것이 연구"라고 항변했지만 그는 "그건 변명이다. 사실은 현실 세계로 뛰어드는 것이 두렵기 때문 아닌가?"라고 되받아쳤다. 내가 그때까지 하고 있던 주조(鑄造)나 소성(塑性) 가공 연구를 깨끗이 버리고 전자현미경으로만 볼 수 있는 '나노 마이크로' 연구를 시작했던 것은 그 일 바로 직후였다. 그 결과 기업에서 공동연구 의뢰나 연구비 지원을 받는 것이 가능해져서 연구생활을 충실히 할 수 있게 되었다. 인생을 살면서 안주해 있던 우물 안에서 뛰쳐나와 넓은 호수로 옮겨갈 수밖에 없는 일은 갑자기 찾아온다.

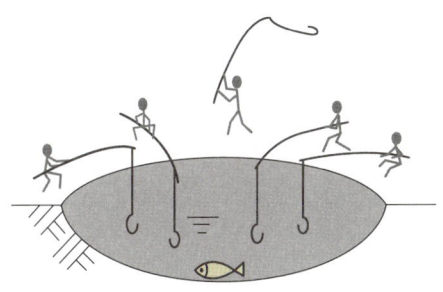

그림 81 물고기가 없는 연못에서 물고기가 넘치는 호수로!

… 실패학 응용 편

새로운 도전에 나설 때 기억해두어야 할 '천삼(千三)'의 법칙

도박의 성공 확률은 '천에 삼', 신산업의 성공 확률은 '천에 일'. 그럴수록 실패에서 배워서 확률을 올리는 노력이 필요하다.

나는 경험적으로 뭔가 새로운 것이나 미지의 분야에 도전할 때 99.7%는 실패한다. 즉, 일이 제대로 될 확률은 0.3%, 불과 1000분의 3밖에 안 된다. 그런데 그것이 나만의 이야기는 아닌 것 같다. 사실 일본에서는 옛날부터 '천삼'이라는 말이 있었던 것 같다. '뭔가에 도전할 때 잘되면 천에 삼 정도밖에 안 된다'는 의미인데 도전에 성공할 확률이 0.3%라는 이야기다. 그렇다고 해서 이런 낮은 성공 확률에 지레 겁먹고 눈을 감아버리거나, 반대로 근거 없이 낙관해서는 성공할 가능성이 거의 없어진다. 이와 반대로 낮은 성공 확률을 예의주시하면서 정면승부하면 오히려 성공의 길이 열리게 된다.

새로운 사업을 시작할 때는 적어도 10개 정도의 요소가 필요하다. 기획 내용, 기술, 본인의 자질, 자금, 설비, 장소, 인재, 유행, 사회의 경제 상황, 인맥 등이다. 이런 요소가 때마침 긍정적으로 작용할지 아니면 부정적으로 나타날지의 확률은 2분의 1이다. 즉, 10의 요소가 모두 잘 조화될 확률은 2분의 1 × 2분의 1 × …로 2의 10제곱분의 1, 즉 1024분의 1이 된다. '천삼'은커녕 '천일'밖에 안 된다는 얘기다. 이 정도로 낮은 성공 확률을 갖고 있는 일을 성공으로 이끌려면 개별 요소의 성공 확률을 높이는 수밖에 없다. 다시 말해 우리는 실패에서 배우지 않으면 안 된다는 이야기다.

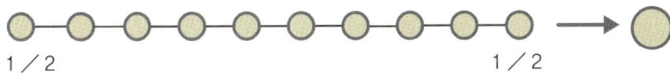

잘될 확률

$1/2 \times 1/2 \cdots\cdots\cdots\cdots\cdots\cdots\cdots\cdots \times 1/2 = 1/2^{10}$
$2^{10} = 1024 ≒ 1000$

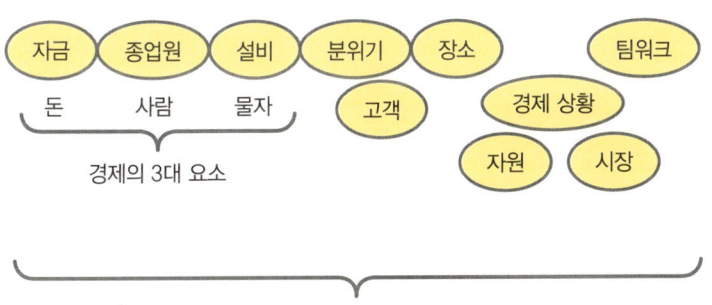

그림 82 왜 '천삼'인가?

탁월한 조직은 리더와 구성원의
역할과 책임이 다르다

조직의 상하 관계에서 윗사람과 아랫사람은 서로 지켜야 할 책무가 있다. 그것이 윗사람의 도리와 아랫사람의 도리다.

조직 안에는 상사와 부하, 선배와 후배 같은 상하 관계가 있고 이들 사이에는 서로 지켜야 할 도리가 있다. 그것은 책임이나 책무라는 말로 바꿔 쓸 수 있는데 나는 윗사람의 책무를 '윗사람의 도리'[16], 아랫사람의 책무를 '아랫사람의 도리'라고 부른다.

윗사람의 도리는 매우 어려운 일, 위험한 일, 그리고 사람들이 싫어하는 일을 솔선해서 하는 것이다. 실패했을 때 깨끗하게 책임지고, 성공했을 때 부하에게 공을 돌리는 삶의 방식이다.

마음의 배려도 중요하다. 예컨대 아무 일 없을 때 부하나 후배는 '꼭 필요한 일', '보통 수준으로 필요한 일'로 나눠서 적당히 주의를 기울이지만, 어떤 문제가 발생해서 상사나 고객이 다그치면 평상심을 잃어버리고 오히려 중대한 문제를 일으키게 된다. 때문에 아랫사람을 대할 때는 마음의 배려가 있어야 한다. 그것이 윗사람의 도리를 다하는 인재라고 할 수 있다(그림 83).

한편 아랫사람의 도리는 주어진 일을 방치해두지 않고, 위에서 내린 결정을 꼼꼼하게 따르고, 불평을 늘어놓지 않고, 윗사람이 짊어지고 있는 과제를 함께 나눠질 각오로 일을 하는 것이다. 그렇다고 시키는 일만 하라는 것은 아니다. 정신적으로는 어디까지나 독립적이고, 필요하다면 상사에게 "이렇게 하는 것이 어떻습니까?"라고 제언하거나 때로는 직언할 용기도 있어야 한다.

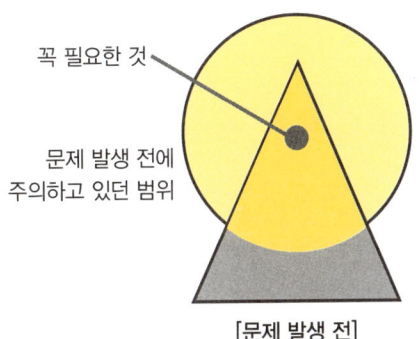
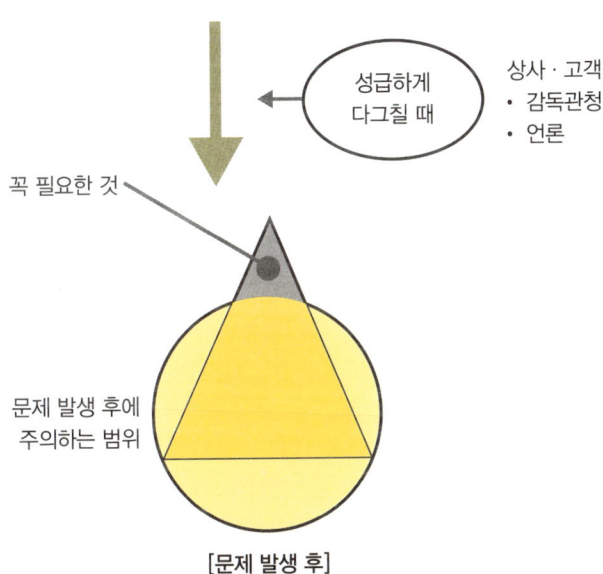

그림 83 사람의 주의력에는 한계가 있다.

Step 4 실패를 살리는 리더가 되자

난관에 봉착하면 챔피언 데이터가 한밤의 등대가 된다

계속된 실패로 그만두고 싶을 때 챔피언 데이터는 목표로 가는 길이 존재함을 알려준다.

아무리 노력해도 실패가 계속되면 의지가 굳은 사람도 결국 포기할 가능성이 커진다. 그럴 때 큰 버팀목이 되는 것이 '챔피언 데이터'다. 챔피언 데이터는 '(어떻게 해야 할지는 모르겠지만) 이미 다른 사람이 달성한 사례나 상태'라고 할 수 있다.

만약 챔피언 데이터가 존재한다면, 예컨대 자신이 지금 어느 지점에 있고 어느 방향으로 가면 좋은지 구체적인 루트를 몰라도 목표로 가는 루트가 존재한다는 것을 확신하게 되어서, 자신이 계속 목표를 향해 가지 않는 것은 노력 부족 때문이라고 생각하게 만든다. 그래서 더 깊고 넓게 노력해서 목표를 발견하고 성공으로 가는 길을 걸어나가기 시작하는 가능성을 높여준다. 그런데 챔피언 데이터가 전혀 존재하지 않아서 과연 목표에 도달할 루트가 실재하고 있는지 없는지 알 수 없는 채로 암중모색하고 있는 사람의 경우는, 피해가 적다면 손을 떼고 나오는 것도 나쁘지 않다. 이는 헛되이 노력만 계속할지도 모르는 상황에서 다른 계획을 생각하는 것이 현명하다고 판단될 때 필요한 선택이다.[17]

챔피언 데이터는 칠흑 같은 밤에 서 있는 등대 같은 역할을 한다. 챔피언 데이터가 있고 없음이 노력을 계속해야 할지 말지를 결정하는 하나의 지표라는 것을 기억해두자.

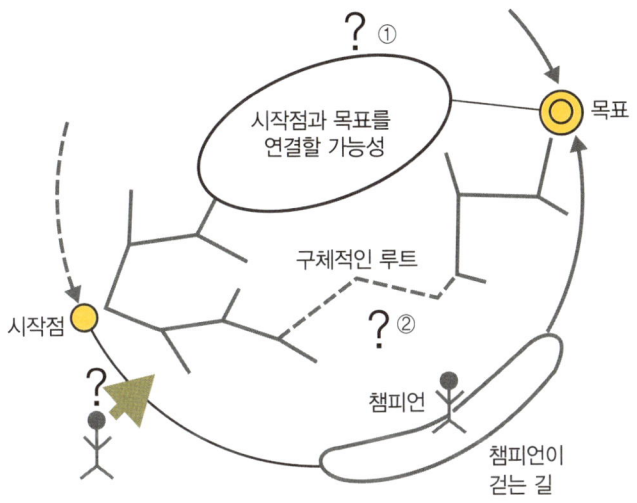

의문
① 시작점과 목표를 연결하는 루트가 존재하는지 알 수 없다.
② 시작점과 목표를 연결하는 구체적인 루트를 모른다.
  ➡ 이 분야에 새로 들어오는 사람으로서는 아무것도 알 수 없다.

누군가 성공하면
①의 존재는 증명된다.

②는 탐색에 의해 발견될 가능성이 있다는 것을 안다.

②의 노력이 시작된다.

그림 84   챔피언 데이터의 역할(어두운 밤의 등대)

71 실패학 응용 편

신규 사업은 인접 분야에서만 성공할 수 있다

신규 사업을 생각한다면 완전히 새로운 분야가 아니라 인접 분야에 진출하는 것이 좋다.

특정 분야의 기술을 가진 기업이 빠지기 쉬운 실패 가운데 하나가 다른 업종, 다른 분야로 진출하는 것이다. 기업이 성숙기에 이르면 제품 생산이나 매출이 한계에 도달한다. 그래서 새로운 분야로 진출하려는 시도에 나서게 되는데 좀처럼 성공하기 쉽지 않은 것이 현실이다.

지금으로부터 40년 전에 일본에서는 철강업계가 앞다투어 컴퓨터 및 반도체 사업에 진출했는데 오래지 않아 이들 기업은 새로 진출한 분야에서 퇴출되었다. 왜 그랬을까? 본업이 성숙하면서 '로 리스크, 로 리턴(낮은 위험, 낮은 수익)'에 익숙한 체질이 되면서 새로운 분야에서 요구하는 사고방식을 갖추지 못했기 때문이다. 또 어느 석유업체는 수백억 엔을 투입하여 자기 디스크 분야에 진출했는데 제품을 내놓기도 전에 공장 문을 닫아야 했다.

새로운 분야라는 것은 참으로 매력적으로 보이지만 신규 사업을 시작하려고 생각한다면 완전히 새로운 분야보 가서는 좀처럼 성공하기 어렵다. 그보다는 현재의 인접 분야에 진출하는 것이 낫다.

좋은 사례가 지금은 후루가와[古河] 기계금속으로 이름이 바뀐 후루가와 광업이다. 광산 사업을 기반으로 비철금속·전선을 만드는 후루가와 전공(電工)을 만들고, 이어서 독일의 지멘스사와 함께 투자한 후지[富士] 전기[18]를 설립하고, 더 나아가 정보통신업체 후지쓰[富士通]와 수치제어장치의 파낙을 탄생시켰다. 어디까지나 주력 기술을 근본으로 하면서 그 노하우를 살려 관련 분야로 단계적으로 진출한 것이 성공의 비결이었다.

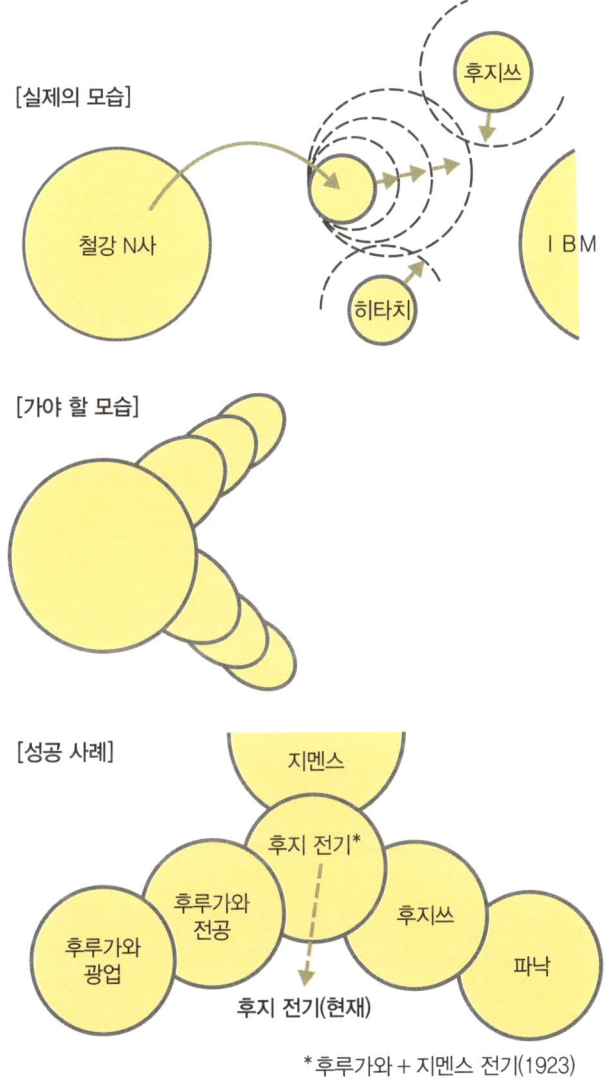

그림 85 신사업 영역의 예

진짜 리더는 실패에서 얻은 교훈을 공식화한다

실패할 때마다 배운 것을 공식화하고 한층 고도화할 수 있는 사람이야말로 진정한 리더라고 할 수 있다.

사람은 일을 통해 성장해나가는 과정에서 의식적이든 무의식적이든 정형화된 다양한 공식을 활용한다. 그런 공식은 그림 86처럼 과거의 실패를 거듭 딛고 올라가는 과정에서 만들어진다. 실패할 때마다 거기서 배운 것(지식)을 공식화하고 적용해감으로써 그 내용이 나선 구조로 고도화되어가기 때문이다. 최종적으로는 공식에 따라 행동하면 큰 문제가 일어나는 일은 없는 수준에까지 도달할 수 있다.

그러나 그 공식이 영원히 통용될 리 없다. 시간이 흐름에 따라 언젠가 제약조건이 변하고 공식이 더 이상 공식으로 통하지 않게 된다는 점을 잊지 않고 언제나 상황 변화와 현실을 직시해나가야 한다.

그러면 새로운 시대에 부합한 공식을 만들어나가려면 어떻게 하는 것이 좋을까?

우선 행동으로 도전에 나서는 것이다. 처음에는 온갖 실패를 경험하겠지만 이러는 과정에서 새로운 공식이 만들어진다. 결국 실패로부터 공식을 만들어서 성공하는 상태로 나아가고, 또 그 공식이 통용되지 않으면 다시 실패를 경험할 수 있다. 거기서 다시 도전해서 새로운 과정을 반복해보는 것이 진정한 성공의 길이라고 할 수 있다.

지금 시대가 요구하고 있는 것은 실패를 두려워하지 않고 도전해서 새로운 공식을 만들어내는 사람이다. 그런 사람이야말로 진정한 리더라고 할 수 있다.

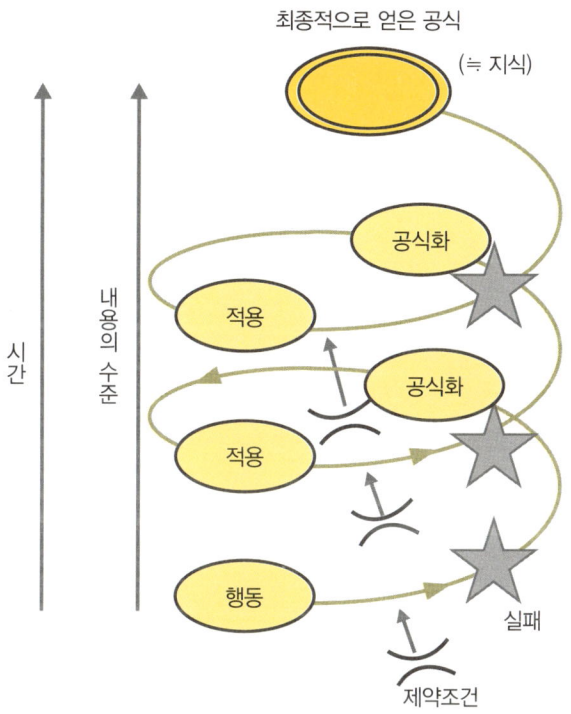

그림 86 진정한 리더가 거치는 공식화 나선 구조

상위 개념을 통달하면 세부 분야를 보는 통찰력이 생긴다

눈앞의 상황을 한정적으로 생각하지 않고 상위 개념으로 올라가야 다른 분야로부터 지식을 흡수할 수 있다.

지식은 동일한 상황 아래에서 한정적으로 생각하는 것에서 벗어나 상위 개념으로 올라가야 다른 분야에서도 응용할 수 있다는 특징이 있다.

1999년 일본에서 발생한 H-Ⅱ 로켓 발사 실패는 연소실에서 연료가 탈 때 그 바깥으로 연결되는 냉각 파이프 납땜 부분에서 연료 가스가 누출되어 근접한 제어장치가 작동하지 않으면서 긴급 정지된 데서 비롯되었다. 그러나 그 사고는 '연료실과 제어장치의 위치 관계'라는 상위 개념(메타 콘셉트)에서 검증했다면 피할 수 있었을지도 모른다. 예컨대 자동차 분야에서는 엔진에는 문제가 없어도 발생한 열이 주변의 전자기기 제어에 악영향을 줘서 작동 불능 상태에 빠지는 경우가 자동차 개발 초기 단계에 자주 발생했다고 한다. 만약 로켓 개발자가 그것을 알고 있었다면 실패는 피할 수 있었을지도 모른다.

다시 말해 로켓 기술자에게 부족했던 것은, 오랫동안 고도의 지식이 집적되어 있는 자동차 분야로부터 '지식을 흡수'하는 것이었다. 더욱이 '열에 의한 영향과 실패'라는 상위 개념으로 올라가면, '부엌에서 가스레인지를 사용할 때 여러 조심해야 할 것이 있다'는 생각과도 연결되는데 여기서 새로운 아이디어가 나올 수도 있다. 상위 개념으로 올라갈수록 지식의 응용 범위는 넓어진다.

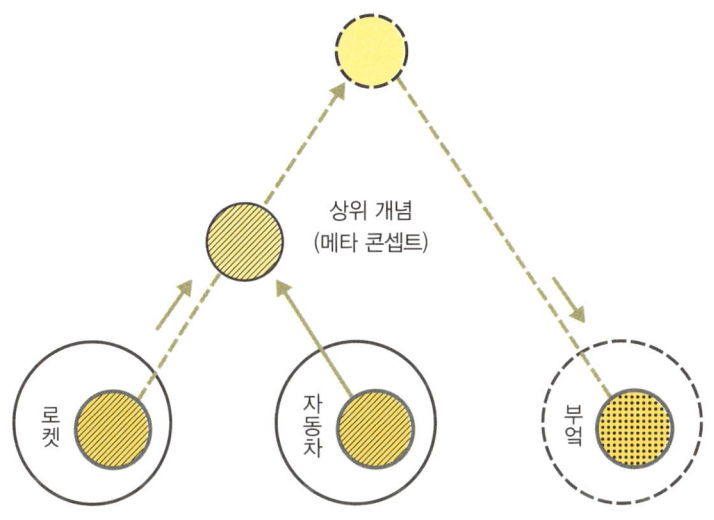

그림 87 상위 개념으로 올라갈수록 지식의 응용 범위는 넓어진다.

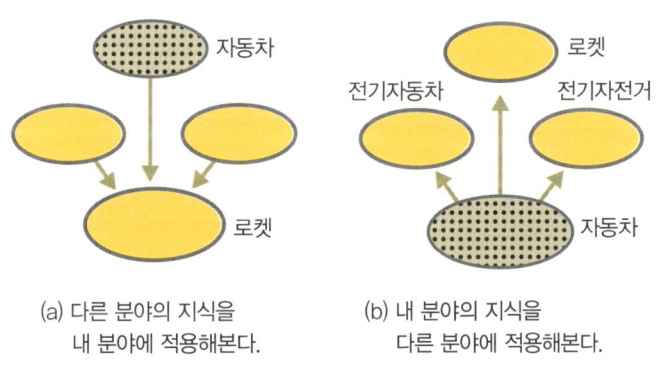

(a) 다른 분야의 지식을
내 분야에 적용해본다.

(b) 내 분야의 지식을
다른 분야에 적용해본다.

그림 88 다른 분야의 지식 흡수

학습능력이 퇴화하면 가상연습을 통해 능력을 보충하자

인간은 새로운 일을 흡수하는 능력이 5년마다 반감한다. 그러나 평소 가상연습을 반복하는 사람이 장악할 수 있는 영역은 5년에 최대 5배 늘어난다.

경험으로 볼 때 '인간이 새로운 것을 흡수하는 능력(주로 기억과 관련된 일)은 5살 먹을 때마다 50%씩 줄어든다. 그림 89(b)처럼 25세 때 1이었던 능력이 60세에서는 128분의 1이 된다. 한편 (a)는 '연령과 장악 가능한 영역 범위'의 관계를 보여준다. 노력하지 않는 사람은 제자리에 머물지만 한 분야에서 늘 가상연습을 하는 사람은 장악할 수 있는 영역이 5년 단위로 최대 5배가 된다. 금액 기준으로 계산하면, 25세 때 1억 엔 규모의 일을 장악하고 있던 사람은 60세 때에는 약 7조 8000엔 규모의 일을 장악할 수 있게 되는 것이나 마찬가지다.

그런데 두 개의 그림을 중복시킨 것이 (c)인데 대체로 38~40세 사이에 이들 두 그래프의 곡선이 교차하게 된다. 이는 하나의 분야에서 일을 계속하는 사람이 다른 분야로 옮길 경우 새로운 영역을 흡수하는 능력이 높은 사람이라도 38~40세를 넘어가면 잘 안된다는 이야기다. 이에 비해 흡수 능력이 보통인 사람은 이 교차점이 45세 정도에서 만들어지는데, 이것이 45세 시점에 어디로든지 전직할 수 있다는 의미는 아니다. 그때가 되더라도 할 수 있는 일의 규모가 25세 때와 변하지 않기 때문에 그 정도의 일만 처리할 수 있다는 이야기다. 조직 내부에서 이동하거나 전직하고 싶어도 원하는 대로 되지 않는 것이 현실이다.

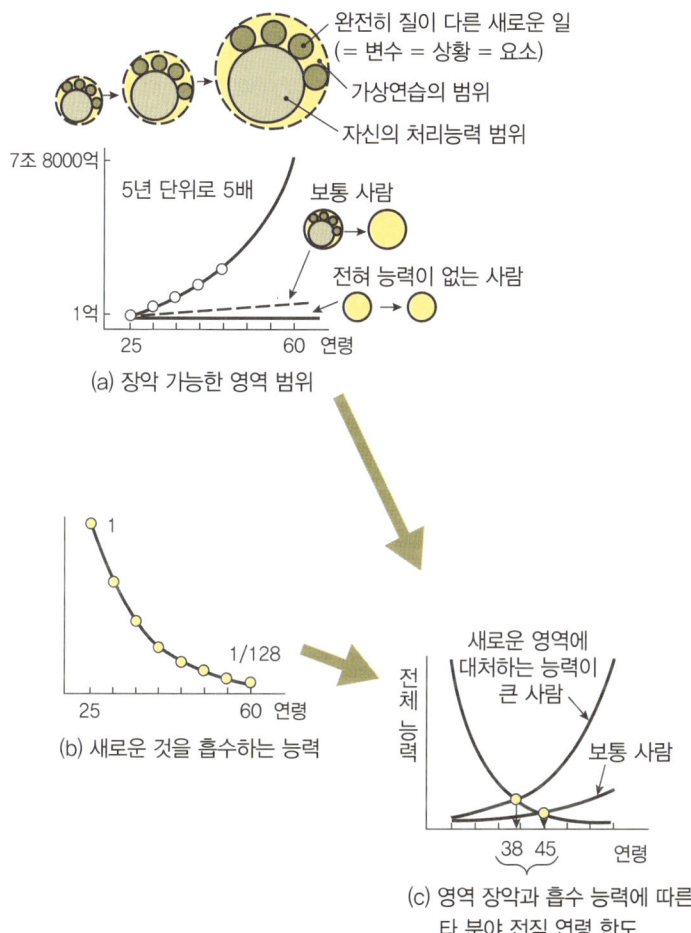

그림 89 가상연습을 반복하면 장악 가능한 영역을 넓힐 수 있다.

실패학 응용 편

선견지명을 갖기 위해 필요한 것은?

미래를 정확하게 내다보기 위해서는 누구나 갖고 있는 시각은 버리고 자신의 눈으로 관찰해서 스스로 생각하는 것이 중요하다.

성공을 손에 넣기 위해서는 두말할 것도 없이 미래를 관통해서 보는 힘이 필요하다. 그러나 구성 요소가 변하거나 그 관련성이나 지배법칙이 바뀔 때 그것들을 고려하지 않고 전제했던 전망으로는 차질이 일어날 수밖에 없다.

그것을 피하기 위해서는 통상 세상에서 일반적으로 이루어지는 관점에서 봐서는 안 되고 자신의 눈으로 관찰하고 스스로 생각한 알맹이로 미래를 꿰뚫어 보는 것이 중요하다.

먼저 과거로부터 현재에 이르는 과정을 검증해야 한다. 그런 다음에는 '이대로 하면 어떻게 될까?'라는 생각을 해봐야 한다. 이런 과정을 '순연산'이라고 한다. 이어서 그 결과가 스스로 생각한 내용과 다른 경우에는 '그렇게 하면 안 되지. 이렇게 해봐야지.'라고 생각해보고 '만약 이렇게 한다면 어떤 과정과 결과가 나올까?'라는 데까지 생각이 미쳐야 한다. 그것을 '역연산'이라고 한다.

이렇게 함으로써 어느 정도 가능성이 손에 잡힐 듯 가시화되는데, 그때 사회적인 분위기나 조직 내부의 관성 같은 힘에 이끌려 판단하지 않는 것이 무엇보다 중요하다.

또 미래를 꿰뚫어 보기 위해서 빼놓을 수 없는 것이 변화를 읽어낼 수 있는 힘인데 이를 위해서는 앞서 소개했던 만다라를 활용해서 '사람, 제품, 돈, 시간, 분위기'를 축으로 이런 요소가 어떻게 변화해나가는지를 구체적으로 검토할 필요가 있다.

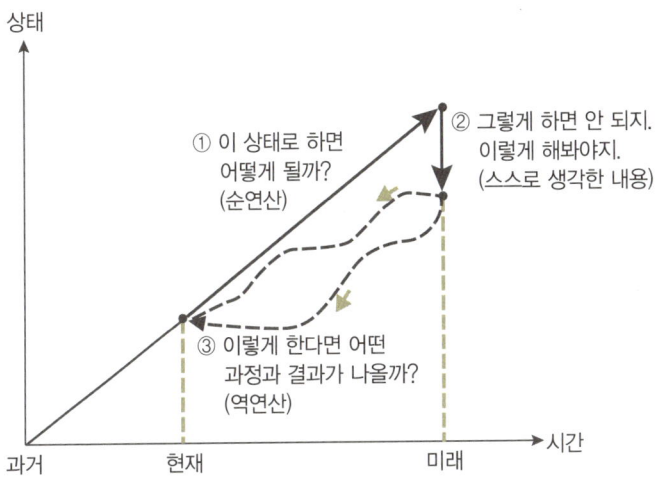

그림 90 미래를 꿰뚫어 보고 결과를 현재의 판단에 반영시키는 방법

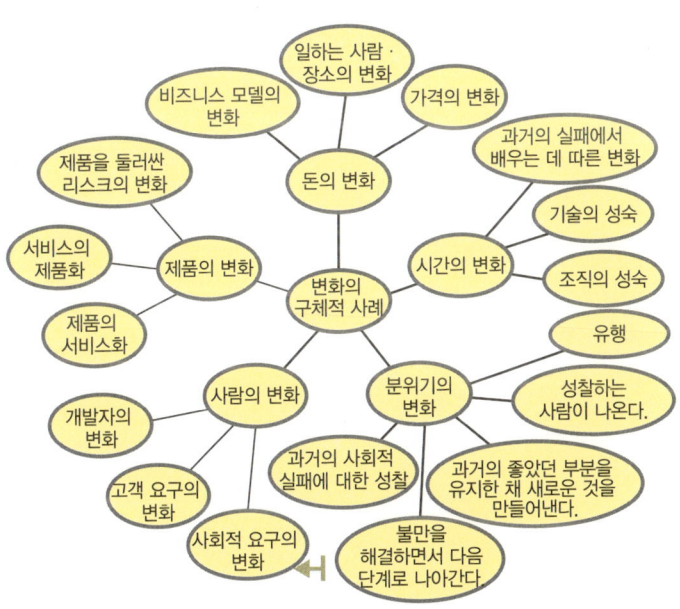

그림 91 변화의 구체적 사례

업무의 암묵지를 형식지로 바꿔가자

실패와 관련된 정보는 숨기기 쉽고 없어지기도 쉽다. 실패에 관한 암묵지는 누구라도 곧바로 알 수 있도록 형식지로 바꿔놓을 필요가 있다.

어떤 일을 하든 그 분야마다 누구나 생각하는 것, 무의식적으로 착안하게 되는 것이 있는 거기에서 다양한 원리가 도출된다. 그리고 그 원리에서 벗어나는 부분이 있으면 직감적으로 '이상하다'고 생각해서 실패를 회피하게 된다.

하지만 그 대다수의 경우는 문서에 기록하는 것은 물론이고 말로 전달할 수도 없는 경우가 많다. 이른바 '암묵지(暗黙知)'로만 존재하는 지식인 것이다.

그러나 그런 암묵지, 특히 실패와 관련된 암묵지는 누구나 바로 알 수 있도록 명확한 형태로, 즉 '형식지(形式知)'로 바꿔놓아야 한다.

이는 실패와 관련된 정보는 감추기 쉽고 좀처럼 겉으로 드러나지 않기 때문에 시간이 지나거나 사람에서 사람으로 전달되는 사이에 없어질 우려가 있기 때문이다.

예컨대 기계설계자의 머릿속에는 그림 92와 같은 암묵지가 존재하고 있지만, 그것을 검토항목과 연결시켜서 생각하거나 도출된 원리를 문장이나 수치, 도식으로 기록할 필요가 있다.

이런 암묵지는 모든 기업에서 각각의 모습으로 존재하고 있다. 그 암묵지를 누구나 알 수 있는 형식지로 바꿔놓는 것이 실패를 예방하는 첫걸음이다.

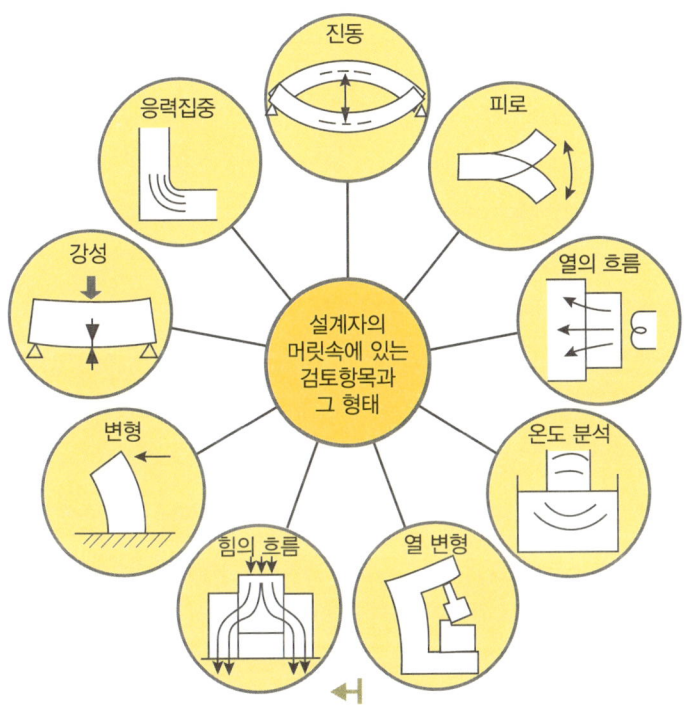

그림 92 기계설계자의 머릿속에 있는 암묵지의 예

성숙된 기술과 조직에 숨어 있는 위험 ①
왜 치명적인 실패가 일어나기 쉬운가

회사는 맹아기, 발전기, 성숙기를 거치며 성장한다. 그리고 기업문화의 경직화와 전체적인 관점에서 판단을 내리는 인재의 퇴직으로 쇠퇴기로 접어든다.

어떤 기술과 산업이든, 그 성쇠를 보면 그림 93의 수명곡선을 그려나간다. 제1단계의 맹아기 끝부터 제4단계 초기에 이르기까지의 기간은 약 30년이 걸린다. 실제 일본을 지탱해온 섬유, 조선, 철강, 전기 산업이 걸어온 역사를 되돌아봐도 발전기의 초기부터 성숙기의 끝까지 기간은 30년이었다.

맹아기의 산업은 아직 외부 환경의 변화에 대응할 수 없어서 사람들이 시행착오를 반복해나간다. 그러다 발전기에는 다양한 경험을 쌓고 식견을 넓혀서 외부 환경의 변화에도 대응할 수 있는 사람들이 산업을 떠받치게 된다. 동시에 산업의 기반이 되는 부분이 정형화, 다시 말해 매뉴얼화되어간다. 하지만 성숙기를 맞이할 무렵에는 맹아기의 경험자가 빠져나가서 매뉴얼만 남는다. 그렇게 되면 과거에 '우왕좌왕했거나' '시도해봤거나' '실패했던' 중요한 축적이 산업에서 없어져버린다. 그 결과, 외부 환경의 변화에 대응할 수 없는 일이 계속 늘어난다.

그러다 쇠퇴기로 이어지고, 이때에는 매뉴얼로 키운 사람이 조직의 최고경영자가 된다. 이들은 본질적인 판단을 할 수 없기 때문에 매뉴얼 자체를 따르는 것도 어렵게 되면서 조직이 껍데기만 남는 형해화(形骸化)가 진행된다. 그래서 오로지 관리에만 집중하는 조직이 된다. 결과적으로 뭔가 경험해보지 못한 일이 발생하면 조직은 대응 불가능한 상태에 빠지고 만다. 이는 파멸기를 의미한다. 그러나 여기서 더욱 비극적인 것은 내부 사람들이 파멸기를 맞은 이유조차 모른다는 것이다.

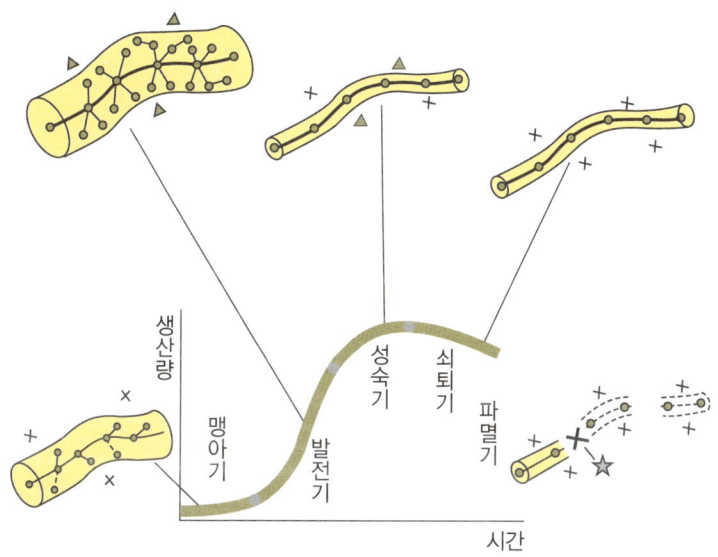

그림 93 기술의 성쇠와 맥락의 연결 관계

성숙된 기술과 조직에 숨어 있는 위험 ②
커질수록 빈틈 있는 조직이 되기 쉽다

기업이 성숙하면 개별 조직원이 커버하는 영역이 좁아져서 틈새가 생긴다. 거기에 실패의 씨앗이 뿌려진다.

회사가 탄생해서 성장해나가는 단계에는 부서마다 해야 할 일의 큰 틀은 정해져 있어도 챙겨야 할 여지가 많아서 조직 전체가 활기에 넘치고 적극적으로 업무에 도전한다. 동시에 업무의 경계가 명확하지 않아서 서로 '이 일은 우리가 한다'고 나서는 바람에 부서의 활동 범위가 중첩되는 경우도 발생한다. '중첩적 단계의 조직'이라고도 불리는 현상인데, 이 단계에서는 너무 적극적인 행동의 결과 실패가 일어나기도 하지만 서로 책임을 미뤄서 발생하는 소극적인 실패는 일어나지 않는다.

그러나 조직이 성숙기에 접어들면, 부서가 해야 할 일이 명확하게 구분되고 다른 부서와의 교류를 피하기 위해 서로 소극적인 자세로 일하게 된다. 역할 분담이 일을 효율적으로 진행시켜서 일하는 사람을 편하게 한다는 명분에서 이루어지지만, 일을 부드럽게 처리하기 위해 가급적 서로 부닥치는 것을 피하게 되는 경향이 강해진다.

이와 동시에 구성원이 개별적으로 커버하는 영역이 좁아진다. 빈틈 조직이라고 불리는 상황이다. '자신이 하는 것이 당연'한데 '다른 사람, 상대방이 할 것'이라면서 일하는 분위기가 바뀌어간다. 그 결과 확실히 구분되어 있던 역할 분담에 틈새가 벌어지면서 거기서 실패의 씨앗이 뿌려져, 치명적인 실패가 일어나는 것을 계기로 쇠퇴기로 향하고 만다.

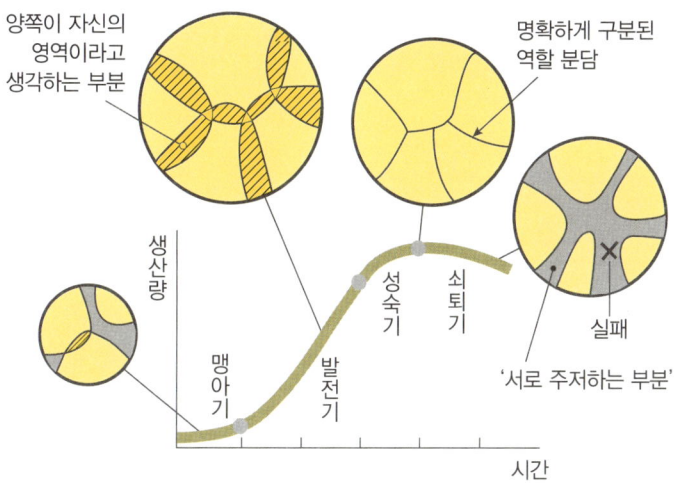

그림 94 시간 경과에 따른 역할 분담의 변화

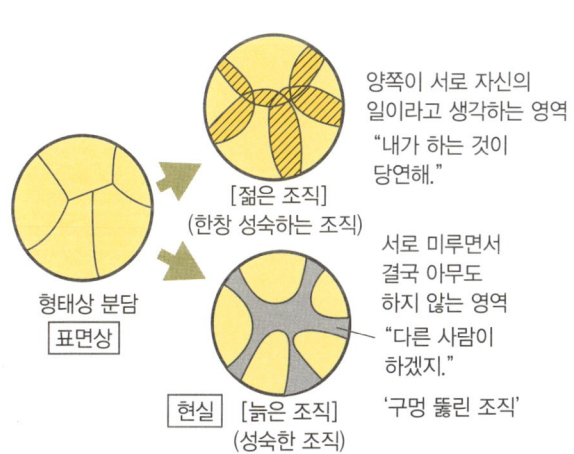

그림 95 조직 내부에서의 역할 분담과 실제
젊은 조직 = 서로 일을 앞다퉈 하는 중첩적 영역, 늙은 조직 = 빈틈 영역

성숙된 기술과 조직에 숨어 있는 위험 ③
국소 최적, 전체 최악

시스템을 국소적으로만 보는 사람이 늘어나면 그 사람이 당장 하는 일이 좋아 보여도 전체로 보면 치명적인 실패로 연결되는 일을 하게 될 가능성이 커진다.

맹아기·발전기에는 아직 조직이 작아서 리더 혼자서 전체를 파악할 수 있다. 그러나 성숙기에는 요소가 많아지고 규모가 커지기 때문에 혼자서 전체를 볼 수 없다. 그래도 리더는 최대효율을 좇아서 자신이 볼 수 있는 범위에서 최적의 일을 하려고 한다. 즉, 국소 최적을 지향하게 된다. 그러나 그렇게 해서는 결국 최악의 결과를 초래하게 된다. 결과적으로 '국소 최적·전체 최악'이 발생해버린다는 이야기다.

어떤 생산 시스템이 있다고 하자. 그림 96처럼 맹아기부터 발전기까지의 리더는 전체의 구성 요소를 한눈에 파악하고 있어서 시스템이 확대되어도 전체적인 시점에서 시스템을 볼 수 있다. 그러나 성숙기의 리더는 부분적으로만 상황을 파악할 수 있다. 때문에 상품이 히트를 치거나 반대로 팔리지 않아서 시스템을 축소해야 하는 경우, 시스템을 부분적으로만 보고 있기 때문에 치명적인 실패로 연결되는 의사결정을 해버리는 경우가 많아진다.

이런 사태를 '국소 최적·전체 최악'이라고 하는데 이것이 대실패를 유발해서 조직에 현저한 손해를 입히는 직접적인 원인이 될 가능성이 높다. 이것도 성숙한 기업에 발생하기 쉬운 리스크다.

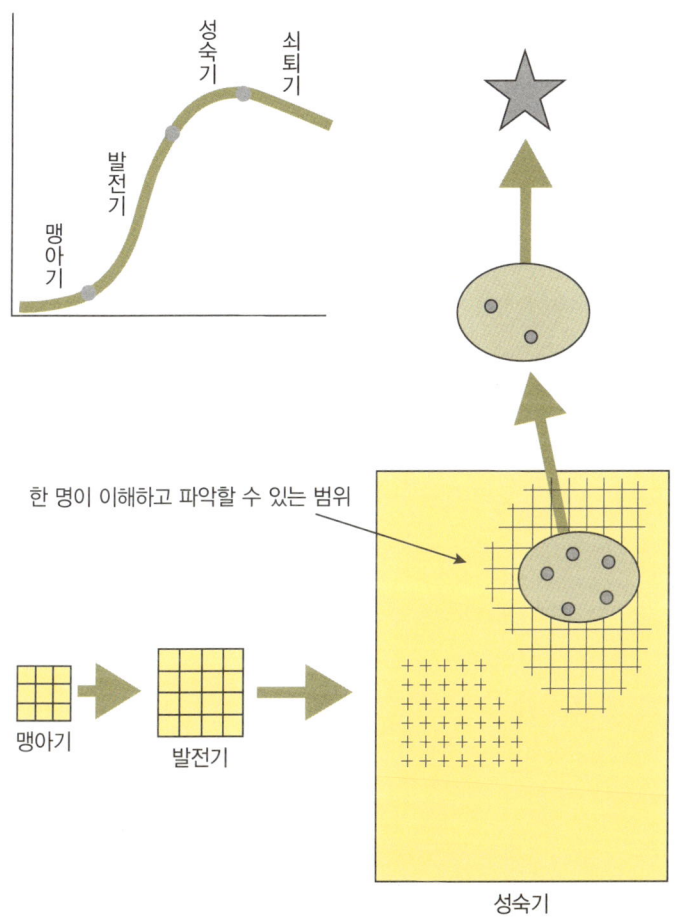

그림 96 조직·기술 규모의 확대에 따른 사고 발생의 필연성

성숙된 기술과 조직에 숨어 있는 위험 ④
실패 예측과 타 분야 지식 활용

1999년 이바라키 현 도카이무라의 JCO 도카이 사업소 핵연료가공시설에서 일본 최초의 임계사고가 발생했다. 이 실패는 타 분야 지식을 전용하면 예측할 수 있는 일이었다.

나는 1999년 아오모리 현 로카쇼무라에 있는 일본원연(日本原燃, 니혼겐넨)[19]의 재처리공장에 초대되어 강연을 했다. 거기서 앞 쪽에 실린 그림 96을 보여주며 "현재 원자력업계는 마치 국소 최적·전체 최악과 같다. 머지않아 큰 사고가 일어날 수 있다."라고 말했다.

그날 강연에 대한 평판은 최악으로 나타났다. 그것은 어쩔 수 없는 일이었다. 왜냐하면 일본원연 구성원들이 매뉴얼을 지키고 근면하고 진지하게 일을 하고 있었기 때문이다. 물론 나도 로카쇼무라에서 사고가 일어난다고 말한 것은 아니었다. 원자력업계의 체질로 봐서 그럴 수 있다고 업계 전체에 대한 예측을 했을 뿐이다.

그리고 강연 2개월이 지난 1999년 9월, 이바라키 현 도카이무라에 있는 JCO 도카이 사업소의 핵연료가공시설에서 일본 최초의 임계사고가 발생했다. 당시 많은 사람이 피폭되어 사망자가 나왔다. 여기서 중요한 것은 내가 로카쇼무라의 강연에서 사용한 그림 96이 원래는 반도체업계의 연구 결과로 만들어진 그림이라는 점이다. 반도체업계에서 내가 우려했던 것과 원자력업계의 위험이 같았다는 이야기다.

여기서 우리는 두 개의 중대한 결론을 얻을 수 있다. 첫째는 '실패는 예측할 수 있다'는 점이고, 둘째는 '다른 분야의 지식을 전용할 수 있다'는 점이다. 거꾸로 말하자면 다른 분야에서 배우지 않는 업계는 쇠퇴를 피할 수 없다는 이야기가 된다.

사진 4 임계사고가 일어난 도카이무라의 JCO 모습(1999년 9월 30일 촬영)

사진 제공: 아사히신문사

2011년 3월 11일, 도호쿠 지방 태평양 앞바다에서 일어난 지진과 쓰나미로 매뉴얼에 없는 사태를 맞은 후쿠시마 제1원자력발전소는 노심 용융 등 심각한 문제에 직면했다.

사진 5 '도쿄전력 후쿠시마 원자력발전소의 사고조사·검증위원회' 모습. 정면 중앙이 필자다(2011년 12월 26일 촬영).

사진 제공: 아사히신문사

성숙된 기술과 조직에 숨어 있는 위험 ⑤
매뉴얼화에는 허점이 있다

QC, TQC 활동에 주의하라! 과도한 효율화를 지향하면 성숙 기업이 쇠퇴의 길로 접어들게 된다.

성숙한 기업이 쇠퇴의 길로 접어드는 큰 원인 중 하나로 '매뉴얼화'가 꼽힌다. 기업은 성숙기를 맞이할 때까지 많은 실패를 경험하고 그것을 활용해서 이익을 올리려고 노력한다. 그런 조치의 하나가 효율화를 겨냥한 매뉴얼화다.

매뉴얼은 생산 활동에 필수적이다. 하지만 마이너스 측면에도 눈을 돌려야 한다. 매뉴얼화에는 커다란 위험이 도사리고 있기 때문이다.

매뉴얼화를 추진한다는 것은 매뉴얼에 적혀 있는 것 외에는 허용하지 않는다는 의미가 되기 때문에, 효율화를 위해 많은 것을 버린 결과 기술의 맥락에 융통성이 없어지거나 경직화되어버리기 쉽다.

또 조직 내 매뉴얼의 범위 내에서만 경험한 사람이 늘어나는 것도 문제다. 기술을 진정으로 이해할 수 있는 사람이 없어져서 예기치 않은 사태에 대응할 수 없게 되고, 그렇게 발생한 큰 실패는 쇠퇴기로 빠르게 돌입해버리는 단초가 될 수 있다.

그런 의미에서 일본의 기업이 자주 사용하고 있는 QC(품질관리) 활동이나 이를 더욱 체계화한 TQC(전사적 품질관리) 활동은 검의 양날이라 할 수 있다. 일상적 루틴 워크를 철저하게 해보자는 의도에서 출발하지만, '이것만 하면 충분한 거야.', '형식만 맞추면 됐어.'라는 분위기가 형성되면서, 비상사태가 발생하면 담당자가 어쩔 줄 몰라 하며 허둥대는 사태가 벌어질 가능성이 커질 수 있기 때문이다.

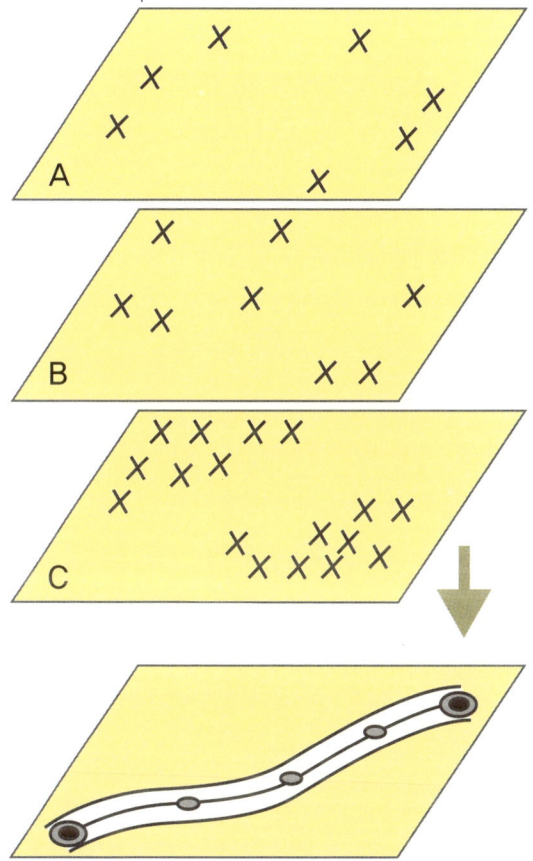

그림 97 매뉴얼은, 많은 실패의 집적에서 배운 성공의 이정표 역할에 그쳐야 한다.

실패에 대한 대책은 톱다운 방식으로 갈 수밖에 없다

조직에서 유일하게 전체를 조망할 수 있는 사람은 최고경영자(CEO) 밖에 없다. 실패에 대한 대책은 CEO 스스로 세우지 않으면 '구멍 뚫린 대책'으로 끝날 수밖에 없다.

기업에서 실패가 일어나는 곳은 주로 현장이다. 이곳의 실패에는 큰 특징이 있는데, 현장 구성원이 아닌 외부인의 눈에는 실패가 일어날 것 같은 요소가 잘 보이지 않는다는 것이다. 그래서 실패를 없애기 위해서는 현장의 목소리를 충분히 들어서 대책을 세워야 한다는 이야기가 자주 나온다.

물론 그것도 중요하다. 작은 실패라면 그 정도의 대책으로 막을 수 있을 것이다. 그러나 치명적 실패는, 현장에서 사원이 해야 할 일과 권한을 넘어선 곳에서 위험성이 고조된 결과 발생하는 경우가 많다는 사실을 잊어서는 안 된다.

일본에서는 현장 직원들의 목소리를 상층부에 전달하는 '보텀업(bottom up)'을 중시하는 풍조가 있는데 보텀업형 활동만으로 실패에 대한 대책을 완벽하게 세울 수 있다고 생각하는 것은 거의 난센스라고 봐야 한다.

그러면 누가 실패 대책을 세우는 데 나서야 할까?

조직에서 유일하게 전체를 조망할 수 있는 사람은 두말할 것도 없이 최고경영자(CEO)다. 최고경영자는 때로는 조직 전체를 정비하고 조직의 목표 달성을 위해 강력한 힘으로 실천에 나설 필요가 있다. 그런 일을 하지 않고 직원에게 맡긴다면 늘 해오던 관행에서 벗어나지 못해 왜곡되거나 왜소한 형태의 뜨뜻미지근한 실패 대책으로 끝나버리기 쉽다. 즉, '실패 대책은 톱다운(top down)이어야 한다'.

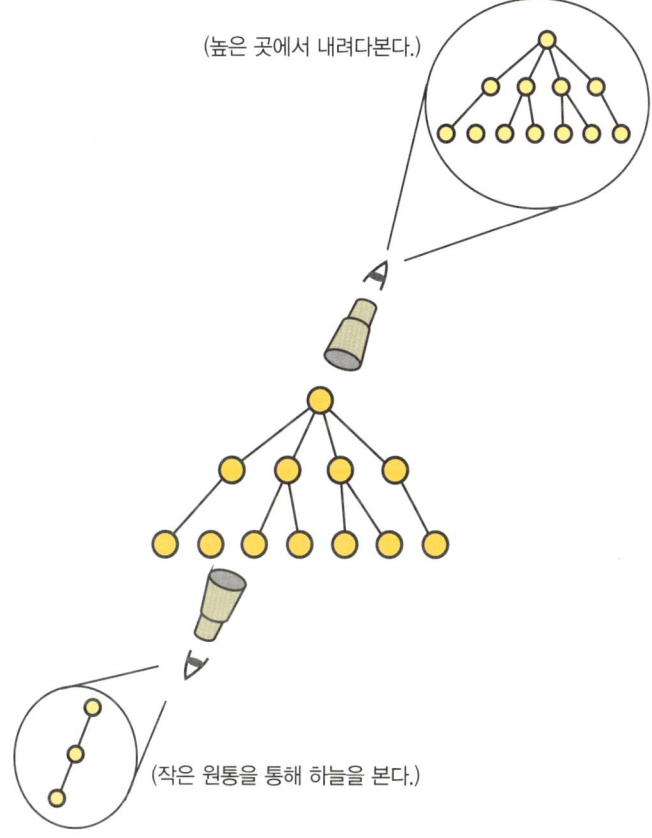

실패의 전체 모습을 볼 수 있는 위치는 최고경영자뿐이다.
(위에서 보면 전체가 보이지만, 밑에서 보면 일부밖에 안 보인다.)

그림 98 실패에 대한 대책은 톱다운으로 이루어져야 한다.

실패 지도 없이 실패를 막을 순 없다

필요한 것은 '어떤 실패가 일어났나', '왜 실패했나', '어떻게 하면 피할 수 있나'가 적혀 있는 '실패지도'다.

많은 회사가, '매뉴얼'을 작성해서 온갖 지시를 적어놓고 그대로 하면 틀림없이 실패를 피할 수 있을 것이라고 생각하는 경향이 있다. 그러나 그 내용을 잘 읽어보면, 매뉴얼대로 하지 않았을 경우 어떻게 되는지에 대해서는 적혀 있지 않은 경우가 많다. 이 때문에 매뉴얼에 적혀 있지 않은 돌발사태에 직면하면 전혀 대처하지 못하게 된다. 또 다른 매뉴얼의 폐해로 사원이 매뉴얼대로 하면 좋다고 생각하기 쉽다는 점을 들 수 있다. 회사의 지시대로만 하면 된 것 아니냐고 생각해버린다는 이야기다.

　회사가 '하면 안 되는 것'을 만들어놓는 경우도 있다. 거기에는 '이렇게 해서는 안 된다'는 내용이 적혀 있다. 또는 실패사례집이나 부적합한 행동 사례를 만들어놓는 경우도 있다. 그러나 이런 내용에는 '이렇게 하면 곤란하다'는 내용만 적혀 있을 뿐이어서 비상사태에 대응하는 것은 불가능하다. 그래서 필요한 것이, 해야 할 일과 해서는 안 될 일을 모두 아우른 실패지식모음이다. '어떻게 실패했나', '왜 실패했나', '어떻게 하면 피할 수 있나'가 정리되어 있어서 '실패지도'라고도 볼 수 있다. 이것이 있어야 비로소 실패를 피하고 성공에 도달하는 것이 가능해진다.

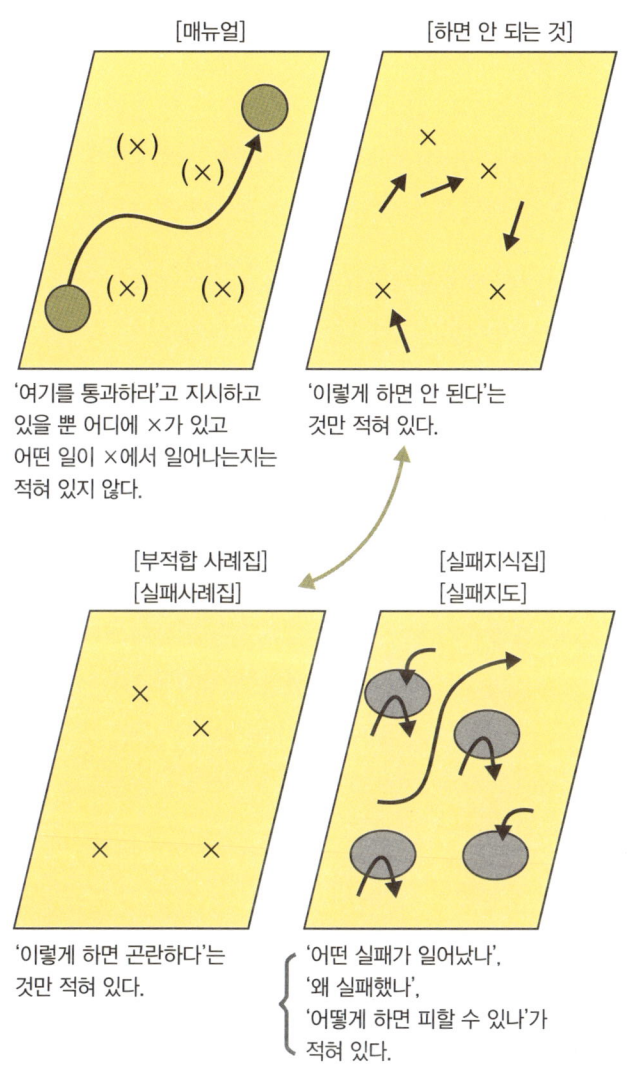

그림 99 '실패지도'가 중요하다.

실패에 대한 대책은
첫 단추를 잘못 꿰면 돌이킬 수 없다

한번 길에서 벗어나면 수정하는 데는 엄청난 에너지가 필요해서, 봐도 못 본 척하게 되면서 심각한 상태를 초래하게 된다.

2000년 7월, 미쓰비시 자동차공업의 '리콜 은폐'가 문제로 떠올랐다. 이 리콜 은폐는 부장도 임원도 알고 있었는데 30년 가까이 항구적으로 이어져왔다는 사실이 드러나서 신용을 잃은 미쓰비시 자동차는 엄청난 이미지 타격을 입게 되었다.

30년 가까운 세월에 걸쳐 리콜 감추기가 계속되었다는 것을 생각하면 이 회사에서는 '조직을 위해 감출 수밖에 없었다'는 인식만 있고 '절대로 해서는 안 된다'는 인식은 없었던 것으로 보인다.

아마도 30년 전에 은폐 행위를 시작한 사람은 그것이 언젠가 조직에 커다란 손실을 입힐 것이라고 예상하지 못했던 것 같다. 그러나 한번 잘못 들어선 길을 바로 잡는 데는 엄청난 에너지가 필요하다. 한참 지나서 누군가 잘못을 알게 되더라도 사내에서는 봐도 못 본 척하게 되면서 더욱 심각한 상태를 불러오는 악순환이 일어나게 된다.

이것은 실패에 의한 전형적인 파멸 패턴인데 산을 오를 때의 상황에 비유할 수 있다. 분기점에서 선택을 제대로 해서 바른 길로 가면 땀 흘린 끝에 목적지에 도달할 수 있지만, 분기점에서 좋아 보인다고 해서 무심코 잘못된 길로 들어서면 돌이킬 수 없는 고난을 겪게 된다.

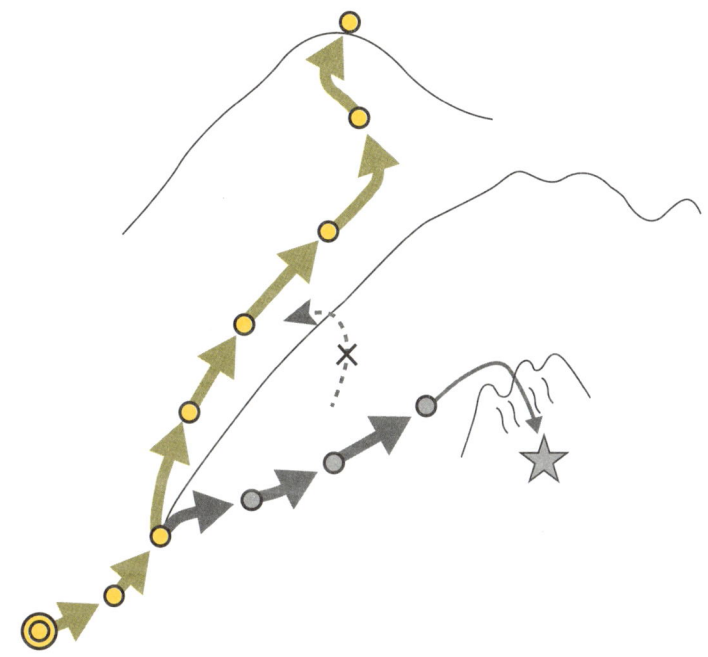

그림 100 분기점에서 잘못 들어서면 되돌리기 어려운 고난에 직면하게 된다.

왜 리콜 은폐가 일어나는 걸까

'막대한 비용이 들어가는 리콜을 피하고 싶다', '제품의 명성을 떨어뜨리고 싶지 않다'와 같은 의식이 리콜을 주저하게 만든다.

왜 리콜 은폐가 일어나는 걸까? 이를 이해하려면 리콜을 둘러싼 독특한 분위기를 이해할 필요가 있다.

그림 101은 리콜 여부에 대한 판단이 필요할 때 책임자의 머릿속에 떠오르는 생각을 적은 것이다. 클레임이 들어올 때 책임자가 먼저 생각할 수 있는 것은 '우연히 일어난 문제는 아닌가?', '소비자의 작동 방식에 문제가 있는 것은 아닐까?' 같은 생각이다. 이런 생각이 드는 것은 '막대한 비용이 드는 리콜은 피하고 싶다', '리콜을 해서 제품의 평가를 떨어뜨리고 싶지 않다'와 같은 심리가 본능적으로 작동하기 때문이다. 그래서 객관적으로 보면 리콜을 해야 할 문제인데도 '안 해도 별일 없을 문제'라고 판단하기 쉬워지면서 애매한 대처를 반복한 끝에 리콜할 시기를 놓쳐버리게 되는 것이다.

리콜을 방해하는 것은 이 같은 사내 문화뿐만이 아니다. 일본 사회는 리콜에 대한 시선이 곱지 않아서 '리콜하는 것을 보니 제품이 좋지 않아서 그렇다'는 시각이 일반적이다. 그래서 리콜로 인해 회사가 사회적 신용을 잃어버릴 가능성이 크다. 이에 비해 미국에서는 리콜을 실시한 차종은 거꾸로 평가가 좋아져서 중고차 가격이 올라가기도 한다. '리콜을 했으니 안전한 제품이 됐다'고 생각하기 때문이다. 처음부터 안전한 제품을 찾는 일본과 '원래 차는 망가지기 마련'이라고 생각하는 미국의 큰 문화적 차이가 이런 결과를 만드는 것이다.

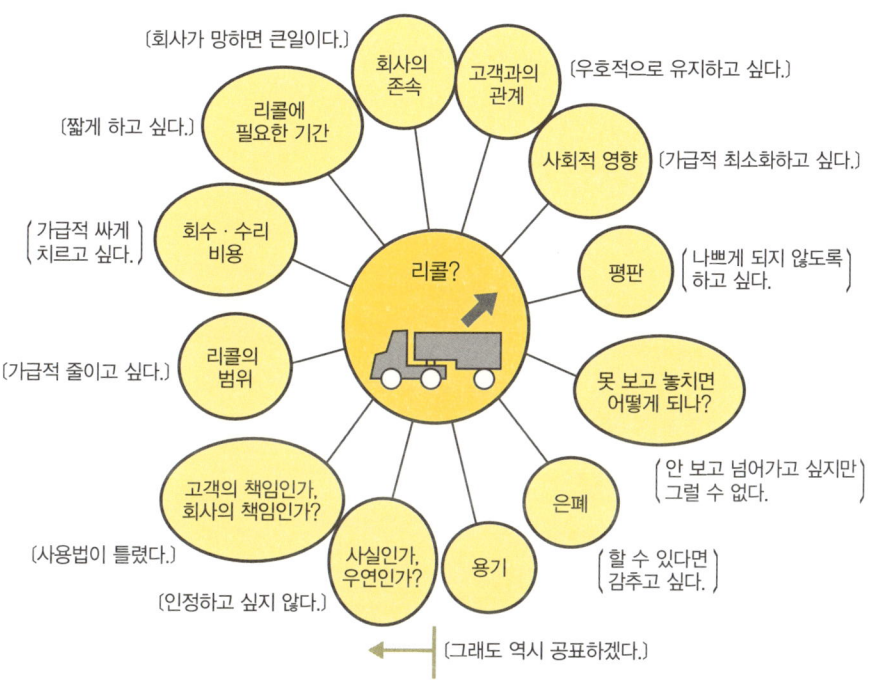

그림 101 리콜을 해야 하는지 판단해야 할 때 책임자의 머릿속에 떠오르는 생각

기업 풍토를 개혁하기 위해서는 네 가지 문화가 필요하다

중요한 것은 '스스로 의사결정하고 도전한다', '커뮤니케이션한다', '매뉴얼을 갈고 닦는다', '2.5인칭의 시점을 갖는다'와 같은 네 개의 문화다.

마지막으로 '기업 풍토를 개선하기 위한 네 가지 문화'에 대해 소개한다. 이것은 내가 참여했던 일본항공(JAL)의 '안전 어드바이저리 그룹'(좌장 야나이다 구니오[柳田邦男])이 2009년 12월에 보고한 '새로운 제언 "지켜라 안전의 보루" 위기일수록 요구되는 개인 차원의 모티베이션'을 통해 밝혔던 내용이다.

이 네 가지는 ① 스스로 의사결정하고 도전하는 문화, ② 커뮤니케이션하는 문화, ③ 매뉴얼을 갈고 닦는 문화, ④ 2.5인칭의 시점에서 보는 문화를 말한다.

'스스로 의사결정하고 도전한다'는 것은 위에서 내려오는 지시를 기다리지만 않고 사원이 주체적으로 업무를 챙겨보는 것을 의미한다. 이런 풍토가 있는 회사라면 현장에 있지 않으면 알 수 없는 문제에 대해서도 빈틈없이 대처하는 것이 가능해진다. '커뮤니케이션하는 문화'는 정보를 전달할 때 발신자와 수신자가 공통의 개념을 갖는 것이 중요하며 내용을 서로 확인하는 행위가 필요함을 의미한다. '매뉴얼을 갈고 닦는다'는 것은 매뉴얼이 껍데기만 남는 형해화(形骸化) 방지의 중요성과 정보 재고 정리의 필요성을 말한다. 끝으로 '2.5인칭'은 안전 어드바이저리 그룹에서 만들어낸 신조어인데, 자신과 상대방의 입장에서만 생각하지 않고 '자신과 가족의 문제로 생각한다', '당사자가 되어서 생각해본다'[20]는 관점이다. 이런 관점을 갖게 되면 그때까지 보이지 않던 문제도 보이게 된다.

그림 102 기업 풍토 개혁을 떠받치는 네 개의 문화

그림 103 2.5인칭. 그 사람이 되어서 생각해본다.

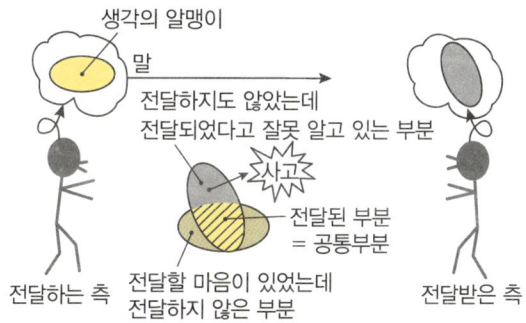

그림 104 대화를 확인해야 할 필요성
~말한 내용과 들은 내용이 다른 경우가 많다.~

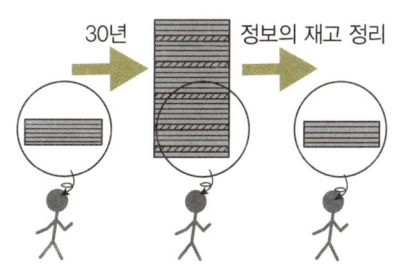

그림 105 5 cm의 매뉴얼은 그대로 방치해두면 30년이면 30 cm가 된다.

주요 참고문헌

《강한 회사를 만드는 실패학(強い会社をつくる失敗学)》, 하타무라 요타로 저, 일본실업출판사, 2003년

《나와 조직을 살리는 실패학의 법칙(決定版 失敗学の法則)》, 하타무라 요타로 저, 분슌문고, 2005년 *

《기술의 창조와 설계(技術の創造と設計)》, 하타무라 요타로 저, 이와나미 신서, 2006년

《미상사태를 대비하라 실패학의 제언(「想定外」を想定せよ! 失敗学からの提言)》, 하타무라 요타로 저, NHK출판, 2011년

《미증유와 비상사태 동일본 대지진에서 배운다(未曾有と想定外 東日本大震災に学ぶ)》, 하타무라 요타로 저, 고단샤, 2011년

《본다 알아본다 전달한다(みるわかる伝える)》, 하타무라 요타로 저, 고단샤, 2008년

《사장을 위한 실패학(社長のための失敗学)》, 하타무라 요타로 저, 일본실업출판사, 2002년

《속속 실제의 설계, 실패에서 배운다(실제의 설계 모음집)(続々・実際の設計 失敗に学ぶ(実際の設計選書))》, 하타무라 요타로 편저·실제의 설계연구회 저, 일간공업신문사, 1996년

《실제의 설계 제4권, 이렇게 결정됐다(실제의 설계 모음집)(実際の設計第四巻 こうして決めた(実際の設計選書))》, 하타무라 요타로 편저·실제의 설계연구회 저, 일간공업신문사, 2002년

《실제의 설계 제5권, 이렇게 기획했다(실제의 설계 모음집)(実際の設計第五巻 こう企画した(実際の設計選書))》, 하타무라 요타로 편저·실제의 설계연구회 저, 일간공업신문사, 2004년

《실제의 설계 제7권, 성공의 시점(실제의 설계 모음집)(実際の設計第七巻 成功の視点(実際の設計選書))》, 하타무라 요타로 편저·실제의 설계연구회 저, 일간공업신문사, 2010년

《실패를 살리는 일 하는 법(失敗を生かす仕事術)》, 하타무라 요타로 저, 고단샤 현대신서, 2002년

《실패에서 배우는 모노쓰쿠리(失敗に学ぶものづくり)》, 하타무라 요타로 저, 고단샤, 2003년

《실패학 사건목록 실패학에서 무엇을 배울까(「失敗学」事件簿 あの失敗から何を学ぶか)》, 하타무라 요타로 저, 쇼각간 문고, 2007년

《실패학 실천 강의 문고증보판(失敗学実践講義 文庫増補版)》, 하타무라 요타로 저, 고단샤 문고, 2010년

《실패를 감추는 사람, 실패를 살리는 사람(失敗学のすすめ)》, 하타무라 요타로 저, 고단샤 문고, 2005년 *

《위기의 경영: 삼성을 공부하다(危機の経営 サムスンを世界一企業に変えた3つのイノベーション)》, 하타무라 요타로·요시가와 료조 저, 고단샤, 2009년 *

《이기기 위한 경영: 글로벌 시대의 일본기업 생존전략(勝つための経営: グローバル時代の日本企業生き残り戦略)》, 하타무라 요타로·요시가와 료조 저, 고단샤 현대신서, 2012년

《조직을 강하게 하는 기술의 전달법(組織を強くする 技術の伝え方)》, 하타무라 요타로 저, 고단샤 현대신서, 2006년

《창업과 도산의 실패학(起業と倒産の失敗学)》, 하타무라 요타로 저, 분슌문고, 2006년

《창조학의 권유(創造学のすすめ)》, 하타무라 요타로 저, 고단샤, 2003년

《안다는 것의 기술(畑村式「わかる」技術)》, 하타무라 요타로 저, 고단샤 현대신서, 2005년 *

《회복력, 실패로부터의 부활(回復力 失敗からの復活)》, 하타무라 요타로 저, 고단샤 현대신서, 2009년

《안전신화의 붕괴: 후쿠시마 원전사고는 왜 일어났나(福島原発事故はなぜ起こったか 政府事故調核心解説)》, 하타무라 요타로·아베 세이지·후치가미 마사오 저, 고단샤, 2013년 *

《후쿠시마 원전에서 무슨 일이 일어났나 정부사고조기술해설(福島原発で何が起こったか 政府事故調技術解説)》, 일간공업신문사, 2012년

* 표시가 있는 것은 국내 번역된 책으로, 한국어 판 제목을 실었습니다.

역자 주

1) 포지션 페이퍼: 특정 이슈에 대해 방침이나 의견을 밝힌 문서를 의미한다. 정치권의 성명서가 대표적이다. 기업에서도 효율적인 위기관리를 위해 포지션 페이퍼를 잘 쓰는 것이 중요하다. 언론 보도나 여론에 이끌려가지 않고 기업이 원하는 방향으로 사태의 흐름을 바꿀 수 있어서다. 분량이 꼭 길 필요는 없다. 또 본질을 꿰뚫지 못하거나 사실이 왜곡되면 오히려 역풍을 맞을 수도 있다.

2) 극단적인 선택: 원문에는 자살로 되어 있다. 일본에서는 책임질 일이 있으면 극단적인 선택을 하는 경우가 적지 않다. 이는 일본 특유의 사회문화적 배경에 따른 문제로 보인다. 일본인은 작은 실수에 대해서는 금세 '쓰미마센'이라고 사과하지만, 체면이나 권위, 자존감을 떨어뜨릴 문제에 대해서는 좀처럼 잘못을 시인하지 않는 경향이 있다.

3) 실패의 역치: 생물체가 자극에 대한 반응을 일으키는 데 필요한 최소한도의 자극의 세기를 나타내는 수치.

4) 시장과 기술의 변화를 읽지 못해 도태한 많은 기업들의 공통점이다. 최고경영자가 경영 방침의 실패를 실패로 인정하지 않는 바람에 변화에 대응할 골든타임을 놓쳐버리는 경우가 많다.

5) 전함 야마토: 야마토[大和] 전함은 태평양 전쟁 때 일본이 건조한 세계 최대의 진함이다. 길이 263 m, 폭 38.9 m의 증기터빈 4기를 장착했으며, 15만 마력으로 최대 속도 27노트로 항해할 수 있었다. 전함에서 항공기에 의한 전투 비중이 커지던 시기로 넘어갈 때 제작되는 바람에 제대로 싸워보지도 못하고 격침되었다.

6) 미국은 실패 문화가 가장 잘 구축되어 있는 나라다. 챌린저호 폭발 사고를 계기로 실패의 분석을 통해 실패를 살리고 실패를 예방하는 능동적인 문화가 한층 강화되었다. 공학에서는 학문적으로 깊이 있게 발전해 기술 수준의 비약적 돌파(breakthrough)의 계기가 되거나 실패를 예방하는 데 획기적인 성과를 거두고 있다. 이런 성과는 실패를 감추지 않고 자인하는 데서 출발한다.

7) 사법거래제도: 원어로 plea bargain으로, 보통은 '사전형량조정제도'라고 한다. 미국을 중심으로 서양 사회에 널리 도입되어 있다. 실패를 법률 차원에서 활용하는 경우라고 할 수 있다. 사건에 연루된 사람이 범죄의 진상을 밝히면 무죄를 포함해 감경

해주는 사법제도다. 범죄가 갈수록 지능화되고 있는 현실에서 수사당국은 이를 통해 사건 해결에 필요한 시간을 단축하고 사태를 신속하게 해결할 수 있다. 일본에서는 형량을 거래한다는 뜻에서 '사법거래제도'라고 부른다.

8) 징벌적 손해배상제도: punitive damages. 우리나라에서는 기업이 악의적·고의적 불법행위로 타인에게 손해를 가한 경우, 실제 입은 손해에 대한 배상 이외에 추가적인 배상책임을 부과(3배 이내)한다. 2011년에 처음 도입되어 박근혜 정부 첫해이던 2013년 11월부터 하도급법을 개정해 적용 범위가 확대되었다.

9) 오스다카 산 추락: 1985년 8월 12일, 도쿄 하네다를 떠나 오사카로 향하던 일본항공기 123편이 군마 현 오스다카 산에 추락한 사건. 한국인 3명을 포함한 탑승객 519명과 승무원 15명 가운데 530명이 사망하고 4명이 생존했다. 지금까지 세계 최다 규모의 항공기 희생자를 낸 사고로 기록되고 있다.

10) 연비를 높인 친환경 차량을 출시하면서 비싸게 팔 수는 없었다. 그래서 처음에는 대당 개발 비용이 높았지만 출시에 나섰는데, 친환경 차량으로 인기를 끌면서 대량으로 팔려나가고 엔진 버전을 개량할 때마다 비용이 급격히 낮아져서 수년 내에 수익을 올리는 차량이 되었다.

11) 만다라: 曼茶羅. 신성한 단(壇: 성역)에 부처와 보살을 배치한 그림으로 우주의 진리를 표현한다. 원래는 '본질을 소유한 것(mandala)'이라는 의미였으나, 밀교에서는 깨달음의 경지를 도형화한 것을 일컬었다. 그래서 윤원구족(輪圓具足)으로 번역한다. '윤원구족'이란 낱낱의 살이 속바퀴 축에 모여 둥근 수레바퀴(圓輪)를 이루듯 모든 법을 원만히 다 갖추어 모자람이 없다는 뜻이다. (두산백과 참조)

12) 이삼평(李參平): 임진왜란 때 일본에 끌려간 조선의 도공. 큐슈 사가 현을 중심으로 한 아리타에 기반을 잡았다. 이후 아리타는 일본을 대표하는 도자기 단지가 되었고 17세기 중엽부터 네덜란드 동인도회사를 통해 유럽과 동남아시아로 수출해 일본 도자기를 알리고, 지금의 일본을 세계 제일의 도자기 생산국으로 발돋움하게 한 원동력이 되었다. 결과적으로 조선 도공의 손끝에서 시작된 아리타 도자가 유럽의 마이센(독일), 리모주(프랑스)를 비롯한 세계적 도자의 모태를 이루었다.

13) 아카에[赤繪] 자기: 실생활에서 주로 그릇으로 쓰이던 도자기를 빨간색 꽃 그림을 그려 넣어 예술 차원으로 발전시켰다.

14) 소성 기술: 자기를 고온의 온도에서 시작해 서서히 온도를 낮춰가며 구워내는 기술이다.

15) 고란샤[香蘭社]: 역시 아리타야키의 명가로 꼽힌다.

16) 윗사람의 도리: 원문은 오야붕미치[親分道], 즉 윗사람의 길이다. 무리의 우두머리를 일본에서는 오야붕, 그 추종자 또는 부하를 꼬붕[子分]이라고 한다. 우리말로 표현하면 윗사람, 아랫사람으로 바꿀 수 있다.

17) 모든 일에는 항상 플랜 B를 생각하고 비상사태에 대비하라는 의미로 이해하면 된다.

18) 후지[富士] 전기: 1923년 8월 29일, 일본 후루가와 전공과 독일 지멘스가 자본·기술 제휴를 통해 설립하였다. 사명은 후루가와의 '후'와 지멘스의 '지'를 따서 후지[富士]로 지었다. 후지쓰[富士通]와는 다른 회사다.

19) 일본원연(日本原燃, 니혼겐넨): 사용 후 핵연료의 상업적 이용을 위해 설립된 일본의 국책기업.

20) '역사사지'를 의미한다.

실패를 딛고 일어서는 써먹는 실패학

인쇄일 2016년 10월 15일 1판 1쇄 인쇄
발행일 2016년 10월 20일 1판 1쇄 발행

지은이 하타무라 요타로
옮긴이 김동호
발행인 조승식
발행처 (주)도서출판 북스힐
등록번호 제22-457호
주소 01043 서울 강북구 한천로153길 17
      (수유2동 240-225)
홈페이지 www.bookshill.com
전자우편 bookswin@unitel.co.kr
전화 02-994-0071
팩스 02-994-0073
값 13,000원
ISBN 979-11-5971-036-0

* 잘못된 책은 구입하신 서점에서 바꿔 드립니다.